Para que te amen

Lidia Pérez

EDITORIAL
PAX
MÉXICO

EL LIBRO MUERE CUANDO LO FOTOCOPIAN

Amigo lector:

La obra que usted tiene en sus manos es muy valiosa. Su autor vertió en ella conocimientos, experiencia y años de trabajo. El editor procuró una presentación digna de su contenido y pone su empeño y recursos para difundirla ampliamente, por medio de su red de comercialización.

Cuando usted fotocopia este libro, o adquiere una copia "pirata" o fotocopia ilegal del mismo, el autor y editor dejan de percibir lo que les permite recuperar la inversión que han realizado.

La reproducción no autorizada de obras protegidas por el derecho de autor desalienta la creatividad y limita la difusión de la cultura, además de ser un delito.

Si usted necesita un ejemplar del libro y no le es posible conseguirlo, le rogamos hacérnoslo saber. No dude en comunicarse con nosotros.

EDITORIAL PAX MÉXICO

COORDINACIÓN EDITORIAL: Matilde Schoenfeld
PORTADA: Mila Ojeda

© 2008   Editorial Pax México, Librería Carlos Cesarman, S. A.
Av. Cuauhtémoc 1430
Col. Santa Cruz Atoyac
México, D.F. 03310
Tel. (5255) 5605 76 77
Fax (5255) 5605 76 00
editorialpax@editorialpax.com
www.editorialpax.com

Primera edición
ISBN 978-968-860-808-1
Reservados todos los derechos
Impreso en México / *Printed in Mexico*

Con agradecimiento
a mis padres,
José y Julia,
por el amor
que supieron darme

Índice

Lo que a todos nos inquieta

Por mucho oro que tengas,
y por mucha plata que te sobre,
si es amor lo que te falta,
bien puedes llamarte pobre.

Copla popular

El amor es una manifestación maravillosa de la naturaleza: genera la vida, le da potencia y la lleva a su más alto nivel de perfección. Todos los seres humanos lo advertimos, aunque no siempre plenamente. Sólo cuando reflexionamos con profundidad sobre su tremenda fuerza e importancia, nos damos cuenta de que sin él no existiríamos.

Por amor, los opuestos de la naturaleza se estrechan, se unen y se regeneran. Eres un ser humano con necesidad de amar. Pero... ¿por qué tienes esa necesidad? Porque si bien aparentemente estás solo en el mundo, separado —como los otros seres— de los demás, tu realidad interior te dice que formas parte del universo y eres con él una unidad. Sentirte solo y separado niega tu realidad y por eso siempre buscas el encuentro y la armonía con los demás: el amor. Pero ¡qué constantes son las absurdas escenas de gritos y peleas! Estas situaciones te orillan a preguntarte: ¿qué sucede?, ¿por qué es tan difícil encontrar el amor?

A todos nos inquieta el amor y nos esforzamos por obtenerlo, aunque a veces no queremos confesarlo. Con frecuencia tratamos de mejorar en forma compulsiva nuestra apariencia física, nuestra personalidad y nuestros conocimientos e intentamos aumentar nuestras posesiones materiales para parecer más importantes; pero con esos esfuerzos no logramos ser mejores, ni más capaces, y tampoco conocernos más a nosotros mismos; y menos, disfrutar de la vida de manera más genuina. Casi siempre lo hacemos con la intención de obtener de los demás aprobación, cariño, confianza, respeto, comprensión y reconocimiento para lograr, supuestamente eso que nos dará seguridad, alegría, creatividad y felicidad.

Desde niños aprendemos que necesitamos de los demás para sobrevivir y obtener placer y que esto lo conseguimos en la medida en que agrademos a nuestros padres, familiares, amigos. Cuando somos adultos, arrastramos esas conductas infantiles de dependencia, creyendo que nuestro desarrollo y crecimiento dependen aún de los demás. Pensamos que las posibilidades de ser felices, tener amor y llevar una vida plena, las obtendremos de los otros. De ahí nuestra ansiedad de buscar en todo momento ser aceptados por conocidos y ajenos, creyendo encontrar en los elogios de los demás el sentido de nuestra vida.

Es tan grande nuestra necesidad e ignorancia acerca del amor, que hemos abordado la búsqueda de respuestas para comprenderlo y vivirlo desde diferentes disciplinas del conocimiento humano, como la literatura, la psicología, la filosofía, por ejemplo. Inclusive, reconocemos esa búsqueda hasta en las expresiones más sencillas de nuestra vida cotidiana.

¿Cómo es posible que una empresa que a todos nos interesa tanto, resulte en numerosas ocasiones frustrada o fracasada?, ¿por qué nos equivocamos tanto?, qué, no somos dignos del amor?, ¿es que no sabemos amar?

Como éstas, nos surgen múltiples interrogantes que también están presentes en nuestros amigos, familiares y compañeros de trabajo. Valdría la pena enumerar algunas de ellas como un ejercicio de toma de conciencia que nos permita ir reconociendo en qué punto nos hallamos con respecto a nuestra actitud amorosa:

- ¿Puedo aumentar mi capacidad de amar?
- ¿Cómo sé si lo que siento es amor?
- ¿Debo hacer algo para que me amen?
- ¿El amor se acaba?
- ¿Existe edad para el amor?
- ¿Puedo transformar a los que amo?
- ¿Existe la pareja ideal?
- ¿El amor nos hace sufrir?
- ¿El amor verdadero es siempre fiel?
- ¿El amor nace o se hace?
- ¿Cómo inicia el amor?
- ¿El amor puede transformar el odio?

Las preguntas podrían continuar indefinidamente, y tal vez no hallemos la respuesta para todas ellas, pero lo que sí sabemos es que el amor es indispensable para vivir felices, apreciar las cosas bellas y crecer cada día.

Sabemos también que la falta de amor nos vuelve inseguros y agresivos, destructivos, caóticos e infelices. Ninguno de nosotros desconoce que la tendencia al crimen, la violencia y la agresión tiene su origen en la falta de amor. Baste citar un ejemplo conocido mundialmente: el caso de Dennis Nilsen, un tímido funcionario de estado que sorprendió a Londres con sus múltiples asesinatos. Una tras otra, mató a 15 personas para después mantenerlas en su casa como discretos invitados con los que conversaba y veía la televisión. Inclusive, se preocupaba por vestirlos y cuidarlos, así como limpiar y retirar las vísceras descompuestas, con el solo fin de estar acompañado.

Cuando Dennis Nilsen se vio en la necesidad de explicar sus motivos ante esta actitud, declaró a los horrorizados policías que en el fondo deseaba que lo descubrieran. En prisión, escribió un diario en el que manifiesta que su soledad y tristeza habían sido tan grandes que no halló otro modo de ser querido.

Éste es un caso muy grave de ausencia de amor y de una gran destructividad que posiblemente sintamos muy lejano, pero no olvidemos que, cada uno en su medida, también somos capaces de generar odio, destrucción y violencia.

Sabemos, pues, que el amor no sólo nos proporciona felicidad, sino que su ausencia nos hace profundamente desgraciados. Entonces es mejor profundizar en su verdadera naturaleza para aprender a obtenerlo y darlo.

❧ Sentirte solo y separado niega tu realidad,
por eso siempre buscas el encuentro
y la armonía con los demás: el amor.

❧ La violencia y la agresión
tienen su origen en la falta de amor.

¿Por qué no te aman?

Es indispensable que el hombre
se sienta parte del universo;
no dueño, ni esclavo.

Jorge A. Liunaga

¿Cómo puede ser que detrás de los *te amo* y *nadie te quiere más que yo*, surja tanto dolor, decepción y frustración? ¿Por qué aquellos que a lo largo de la vida más te han dicho que te aman, son los que más te han herido? Es posible que pienses así; y si los escucharas, te darías cuenta de que ellos dirían lo mismo respecto a tus promesas incumplidas, a las veces que les has dicho: "te querré para siempre", "te adoro", "no hay nadie mejor para mí en el mundo que tú"... y después no has podido responder a esas palabras, a esos compromisos que habías contraido.

Las razones que te impiden cumplir con estas promesas te hacen confundir el amor con lo que no es. Algunas de ellas son:

- ✎ Has aprendido a odiar antes que a amar
- ✎ Te odias en gran medida
- ✎ No reconoces tu responsabilidad respecto de tu vida y tus sentimientos
- ✎ Buscas ser amado, no amar
- ✎ Desconoces qué es realmente el amor

- Ignoras qué es verdaderamente necesario o bueno para los seres que quieres amar
- Sueles pensar que el amor aparece por casualidad, por accidente o por suerte

Has aprendido a odiar antes que a amar

La cultura en que has nacido te ha enseñado que debes defenderte de todo y de todos, que salvo tu familia y tú, todo es malo. Con prejuicios y temores has aprendido que la seguridad es estar lejos de los otros seres humanos y de la naturaleza; que todo es peligroso salvo lo muy conocido; que no puedes explorar y relacionarte abiertamente con el mundo y que para vivir hay que luchar, y luchar significa destruir lo ajeno. Así, has acabado por rodearte de lo que supuestamente no puede dañarte; de objetos muertos, que no hablan ni sienten, ni se mueven; de aparatos eléctricos, papeles, ropa, latas, muebles.

De tal manera, al desarrollarte en tu mundo, en lugar de ser introducido en él e integrado a él, te han negado esa posibilidad y te han neurotizado por completo. Te dicen "ven a este mundo para no estar en él. No lo vivas. No lo conozcas. Destrúyelo. Úsalo", sin explicarte que de esa manera te autodestruyes. Esta eficaz enseñanza del odio se da por la negación del amor; es decir, aprendes a odiar cuando no te enseñan a amar.

No te han enseñado que las piedras también están vivas, que los vegetales son seres que trabajan, como tú, por una evolución, que te benefician y te dan su perfume y su belleza, te alimentan y curan tus enfermedades, y hacen tu vida más sana. Tampoco te han enseñado que el agua de los ríos y las fuentes forma parte de ti. No te han enseñado a observar que vivimos en un universo de movimiento continuo, en donde desde el sol y la luna, hasta el más infinito de los seres que viven en él, hacen posible tu vida y te dan la energía necesaria para continuar con ella, sin pedirte nada a cambio.

La terrible equivocación es ignorar que la naturaleza trabaja, que todos los seres vivos se comunican y cooperan en un orden perfecto, entregándote lo mejor sin exigir recompensas, y que siendo parte de ella, tú también debes dar lo mejor, como los granos de trigo o las rosas.

Te han enseñado que puedes pisotearlo todo, que a los seres humanos y a lo que te rodea puedes usarlos; no te dicen que debes integrarte a ellos. Esta actitud egoísta e inconsciente, no sólo hacia las plantas y a los seres de los cuales pensabas eran poco menos que cosas, te ha llevado a usar a las personas con las que vives, a utilizarlas sin tener en cuenta lo que realmente son, lo que quieren, o pensar hacia dónde van. Tratas nada más de extraer lo que necesitas, sin tener conciencia de lo que realmente son y, por lo tanto, sin poder vivir el amor.

Te odias en gran medida

Desde pequeño has recibido muchísimas consignas y enseñanzas a fin de ser un hombre o mujer de bien; y todas estas enfatizan que recibirás aprobación, admiración, cariño, en la medida en que satisfagas ciertas expectativas.

Has aprendido que para recibir los aplausos, abrazos y sonrisas de tus padres, tienes que hacer determinados actos, no necesariamente los que tú quieres; sabes que debes decir lo que se espera que digas, pero no lo que piensas. Esto se ha repetido en forma constante: en tu escuela, entre tus amigos, en tu adolescencia, en la universidad, en fin, en todas tus vivencias familiares y sociales. De manera que has aprendido a fingir, a no manifestar realmente lo que eres, y por supuesto, a jamás admitir que tienes debilidades o limitaciones. Te han enseñado que debes ser perfecto, según las demandas de aquellos de quienes quieres obtener afecto, reconocimiento y respeto: amor.

También has aprendido que eres malo, con frases como: "eres egoísta"; "ya me tienes harto"; "parece que no eres de esta familia"; "no vas a llegar lejos"; "con todo lo que hemos hecho por ti"; "echas todo a perder"; "tenías que ser tú"; "eres un fracasado"... Te han hecho creer que eres tal como te han dicho: débil, malo, grosero, alocado, libidinoso, estúpido, egoísta, tonto, desgraciado, perezoso, inoportuno, vulgar, lo cual te ha generado sentimientos de odio hacia tu persona. Después de esto, ¿cómo podrías quererte? Estas ideas negativas te han hecho sentir una gran necesidad de encontrar respuestas diferentes, que te hagan sentir estimado y querido; porque en tu esfuerzo por obtener la aprobación de los demás, haces todo lo posible por enmascararte y presentarte con una imagen perfecta, aunque falsa.

¿Cuántas veces has estado dispuesto a hacer lo que no querías solamente para que te consideraran una persona buena, útil e interesante?, ¿cuántas veces has exaltado o adulado a alguien para caerle bien?, ¿cuántas te ha sido imposible decir que no por no parecer desagradable?, ¿cuántas has dejado de reclamar si no te han servido bien en un restaurante, por no mostrarte exigente?, ¿cuántas no has devuelto una mercancía defectuosa por sentir que no te iban a hacer caso?, ¿cuántas has mentido sobre ti mismo por creer que de otro modo no te aceptarían?, ¿cuántas has ocultado tus pensamientos por temor?, ¿cuántas te has sentido culpable simplemente por ser quien eres?...

Esta supuesta habilidad para crear una imagen artificial que, según has aprendido, te permite recibir aceptación, respeto y cariño, lo que en verdad logra es alejarte de ti mismo, de modo que ya no te conoces ni te respetas, mucho menos te valoras. Has olvidado que eres un ser humano con limitaciones, sí, pero con muchas potencialidades y cualidades que has desarrollado con tu propio esfuerzo; si perdieras el miedo y te mostraras ante ti y los demás tal como eres, recibirías más amor y de manera más real, empezando por el tuyo propio.

Para concluir, mediante un aprendizaje equivocado sobre la vida y sobre ti, has acabado por no saber quién eres y no aceptarte. Has de saber que cuando te rechazas y te odias no permites que los demás te amen.

No reconoces tu responsabilidad respecto de tu vida y tus sentimientos

Con mucha frecuencia, desconcertados, nos preguntamos el porqué de nuestros problemas, sin reconocer que hay una relación directa entre lo que hacemos y nuestra realidad. Preferimos culpar y responsabilizar a otros, desde el gobierno hasta nuestro vecino, pasando por la cuñada, el hermano, el jefe, la novia, el esposo, el clima, el tráfico... y decimos: yo no fui, no me dijeron, yo avisé, me lo perdieron..., y de ahí, pasamos a hacer afirmaciones mucho más graves, que implican que no somos dueños de nuestros sentimientos, decisiones, actos y experiencias.

Y aquí viene aquello de "sin ti no puedo vivir", "me haces muy infeliz", "por tu culpa me he equivocado", "me desgracias la vida", "moriré si me dejas"... En el fondo nos da mucho miedo enfrentar solos la vida porque gracias a las fantasías negativas hemos decidido que, por nosotros mismos, no somos capaces de lograr un buen desarrollo de nuestra existencia, y pasamos gran parte del tiempo tratando de encontrar a alguien que se haga cargo de nosotros y de nuestros problemas... Imaginamos que es difícil, pero contamos con nuestra habilidad para manipular y chantajear. Preferimos las migajas de las capacidades de los otros, que las toneladas de nuestras capacidades, de las que prescindimos casi siempre. Esta actitud, como muchas otras, la compartimos con los demás, que por lo general también buscan quién les resuelva la vida, y todo ello nos ocasiona mutuo pesar, desengaño y frustación.

Cada vez que te oigas decir: "me pones de malas o por tu culpa vivo una vida aburrida", recuerda que tú eres el responsable de tu destino, que tú eres quien decide sentirse alegre o deprimido, feliz o infeliz, afortunado o desafortunado. Te preguntarás qué hacer cuando los demás se comportan de manera negativa y te provocan sentimientos negativos que determinan tus acciones. ¿Es que no son responsables, en alguna medida, de tus circunstancias? La verdad es que no, puesto que tú eres quien elige lo que acepta de los otros y de la vida; tú eliges tus propios pensamientos, tus sentimientos y tus actos.

Cuando te haces responsable de ti y de tu destino, cuando puedes decir "me he puesto nervioso", en lugar de "me has puesto nervioso"; "me siento enojado" en lugar de "me haces enojar"; "he empobrecido mi vida", en lugar de "has empobrecido mi vida", es cuando encuentras el verdadero camino de tu realización, puesto que tu felicidad depende sólo de ti; y liberarás de un peso a los que comparten tu vida. Podrás de ese modo permitir que se acerquen a ti, gozosos y alegres, puesto que no tendrán que cargar contigo, sino solo acompañarte.

Buscas ser amado, no amar

Ante los múltiples conflictos que nos presenta la vida, ante el temor de no poder conseguir lo que suponemos es necesario para ser felices (éxito profesional, económico, excelente imagen, por ejemplo), buscamos que otros se hagan cargo de nuestra realización, que nos salven, nos rediman, nos permitan vivir cómoda y felizmente; que nos proporcionen todo lo que nos es tan necesario: buscamos cualidades extraordinarias en las personas que encontramos al paso y criticamos con crueldad algunas de sus carencias o debilidades, pues ellas ponen en peligro nuestro plan de ser transportados a un castillo ideal, en el que no tengamos que enfrentar con nuestros defectos o limitaciones.

Nuestras actitudes de manipulación y chantaje nos aseguran que, además de sus propias ocupaciones, los otros se esfuercen, trabajen y se conflictúen cargando nuestros fardos de experiencia y, no contentos con ello, los criticamos y nos quejamos: "no me escuchas"; "no me acaricias"; "me has herido"; "me has engañado"; "no puedo fiarme de ti"... Pretendemos que el amor es vivir a través de nuestra ignorancia y miedo, sin tener en cuenta que los otros son también seres humanos con conflictos, temores, necesidades, que esperan de nosotros atención, cariño, impulso, confianza. Padeciendo todos de la misma enfermedad, ese egocentrismo originado por el pánico existencial, nos incapacitamos unos a otros para poder vivir el amor y ser felices.

Con lo que puedes recordar de tu vida en los últimos años, el último mes, la semana pasada, el día de ayer, ¿cuáles son los pensamientos que han ocupado tu mente?, ¿las motivaciones que te impulsan a relacionarte con los demás?; ¿buscas comprender?, ¿disfrutar?, ¿apoyar?, ¿compartir con los otros la experiencia de vivir?; ¿de qué hablas con ellos?, ¿qué les preguntas para saber realmente lo que son?, ¿lo que quieren?, ¿cómo se sienten?; ¿qué puedes aportarles?, ¿disfrutas simplemente su compañía, su presencia?, ¿te conforta su afecto?, ¿lo que buscas es que te lo resuelvan todo?

¿Qué esperas cuando llegas a tu casa?, ¿que esté la comida servida?, ¿el papel higiénico comprado?, ¿la luz pagada?, ¿la renta resuelta?, ¿la casa limpia, todo preparado?, ¿te molesta que alguna de estas cosas no esté para propiciarte una vida cómoda?, ¿te exaspera tener que dar?, ¿participar?, ¿limpiar, cooperar, arreglar?, ¿hacerte cargo de la responsabilidad misma de vivir?

El "dame, dame, dame... ¡yo soy más importante!, me preocupa lo que me está sucediendo", nada más, suele ser la canción más frecuente entre quienes dicen que se aman; por ello, cuando buscamos ser amados sin preocuparnos por amar, la experiencia se hace del todo imposible. Para poder vivir el amor, hay que estar dispuestos a recibir y a dar en justa reciprocidad; hay que romper con nuestros miedos y angustias, para tener el espacio mental que nos permita tomar conciencia de los otros y de sus necesidades. Amar es compartirlo todo: anhelos, conflictos, ideas, capacidades y sobre todo la experiencia misma de vivir.

Desconocemos la verdadera naturaleza del amor

Nos han enseñado que el amor es una emoción o un sentimiento que surge de improviso y que su finalidad es hacer que la gente se una para compartir una vida, en general, llena de violencia, de desesperación y de sufrimiento; que como finalidad tiene lograr una cierta forma de economía que permita a las personas sobrevivir sin esforzarse demasiado. Además nos han dicho que hay amores que funcionan y otros que no, y que eso depende de la suerte; en caso de no tenerla, hay que cargar con la cruz; así aprendemos que el amor, en principio, es un asunto que no depende de uno y que, además, existe sin otra finalidad que crear grupos humanos que convivan y compartan sus miserias, sus frustaciones y sus dolores. Que el amor es la experiencia que permite a los seres humanos agredirse, limitarse, exigirse, estrujarse los unos a los otros, sin respiro.

Sabes, como yo, que la experiencia más terrible es convivir a fuerza con otros seres humanos, y la vivencia más dolorosa y desagradable es permanecer junto a los demás a disgusto, como en una cárcel en la que no se puede decir lo que uno piensa o hacer lo que uno quiere, en la que hay que estar siempre justificando la propia posición, los propios actos.

No hay situación más trágica en la vida que compartir durante más de cinco, 10, 20 o quizá más años, una vida cuyo común denominador es la rutina, los chantajes, las agresiones y las acusaciones mutuas constituyen el corolario, la atmósfera, el ambiente. Solemos imaginar con espanto la posibilidad de que algún día lleguemos a estar en la cárcel, confinados entre rejas, privados de la libertad, de la posibilidad de estar en contacto libremente con la naturaleza y con la vida; y, sin embargo, eso es exactamente lo que nos proporcionamos mutuamente como pareja y lo que brindamos a nuestros hijos cuando en la convivencia diaria los limitamos y no los dejamos crecer, experimentar, aprender, explorar, reconocerse.

Cuando los hijos mutilamos a los padres exigiéndoles que sean solamente los protectores, proveedores, los que resuelven, sin permitirles tener sentimientos, necesidades de conocimiento, experiencias afectivas; cuando los esposos limitan a las esposas pretendiendo que lo único que pueden hacer es dedicarse a preparar lo necesario para la casa, la comida, la ropa, la limpieza de los muebles, de los enseres; hacemos de la vida una cárcel cuando, como esposas, pretendemos que los hombres no deben más que trabajar, ganar dinero y volver a casa, sin otro tipo de alicientes.

Es verdaderamente agresivo el modo en que nos manipulamos unos a otros y cómo nos privamos de la posibilidad de vivir el amor. Nos han hecho creer que el buen amor es el que da seguridad, comodidad, y que para alcanzarlo debemos controlar a aquellos de quienes esperamos obtenerlo, aun a riesgo de destruirlos.

Pareciera que es mejor el hecho de que ellos vivan degradándose y devaluándose a que estén con nosotros y nos ofrezcan lo que son, y que se desarrollen, crezcan, sean libres y poderosos, puesto que esto último hace posible, según han dicho algunos, que nos dejen sin seguridad y sin comodidad. Ahora estamos ante la oportunidad de conocer lo que es verdaderamente el amor. Si la aprovechas, disfrutarás de una visión diferente del mundo y de ti mismo que te permitirá conocer a los otros, profundamente, sin temerles; podrás conocerte a ti mismo y valorarte, descubrir las posibilidades que encierra cada uno de los días de tu vida, y la gran aventura que significa todo ello.

El amor es la fuerza que en la naturaleza reúne a los contrarios, integra al todo lo que está separado, e incorpora a los pequeños en los grandes seres para elevar así su nivel de conciencia; el amor es la búsqueda de la armonía y el equilibrio a partir del encuentro de los contrarios; lo que hace el amor es generar vida, energía. Amar es una fuente de constante creatividad y dinamismo. Cuando el amor se refleja entre los seres humanos se reconoce porque es:

- ♥ Libre y consciente
- ♥ Incondicional
- ♥ Busca continuamente la perfección del ser amado
- ♥ Genera a cambio, invariablemente, amor consciente

Al desconocer la verdadera naturaleza y sentido del amor, nos equivocamos y atraemos la tristeza y el desamor.

Ignoramos qué es necesario o bueno para los seres que queremos amar

Nos han dicho tantas veces que lo único importante en la vida es tener dinero, ocupar puestos prominentes, consumir productos costosos, que creemos que el amor se expresa precisamente dando bienes materiales y compartiendo, superficialmente, algunos aspectos cotidianos de la vida.

Entonces, hacemos en ese sentido nuestros mejores esfuerzos y pensamos que el ser amado no necesita nada más. ¿Qué otra cosa podría necesitar además de comer, vestir, compartir algunas tardes de cine, algunas fiestas familiares? ¿Qué más puede necesitar un ser humano?

Nadie nos dijo que comer, vestirnos, dormir, ir al cine, compartir fiestas familiares, por ejemplo, son apenas algunos aspectos de la vida y no su finalidad; que hemos venido todos a este mundo para reconocernos, para saber realmente quiénes somos y descubrir nuestro estado de conciencia en este cambio hacia la perfección, que constituye la meta de la vida universal.

Tampoco nos explicaron que para eso necesitamos estar en constante contacto con nosotros mismos y con la vida y reconocer precisamente lo que nos limita: nuestros miedos, ignorancias, culpas y hábitos negativos. Los que están a tu alrededor necesitan mucho más que eso: necesitan conocerse a ellos mismos, conocer los secretos de la vida, sus leyes, el porqué de las cosas, las circunstancias de la historia, de los conflictos sociales, de los problemas personales, de los conflictos familiares; y todo ello, por medio de una exploración y conocimiento personal directo. Por ello necesitan libertad para aprender a equivocarse, explorar, indagar, buscar; necesitan respeto y que los aceptes como son para que puedan sentirse a gusto con ellos mismos. Necesitan que apoyes sus deseos de crecer, de mejorar, de aprender; que adivines lo que pueden llegar a ser; que reconozcas en ellos un ser humano, un ser vivo, sensible, inteligente, creativo, capaz, que requiere de mucha más atención de la que normalmente estamos dispuestos a dar.

Necesitamos romper con la actitud que nos hace actuar de manera mecánica un día tras otro, dando importancia solamente a los aspectos superficiales de la experiencia humana. Los seres que nos rodean necesitan que los dejemos ser y no que los cuidemos para protegernos a nosotros mismos, como tan frecuentemente lo hacen los padres al cuidar que el hijo no se enfríe, por ejemplo, tocando las aguas de un río, para no tener que cuidarle una gripe; no lo dejan aprender a caminar, por si se cae; no permiten que conozca al sexo opuesto, por si le sucede algo negativo, y tampoco le permiten que viaje a un país extranjero, por lo que pudiera acontecerle. Lo que realmente necesitan los seres que nos rodean es la libertad, la confianza, el apoyo y el respeto que les permita crecer constantemente y desarrollar sus capacidades aun en la adversidad y en el conflicto propio de la vida de nuestro universo.

Necesitan que los dejemos mojarse cuando cae la lluvia en la tormenta; aprender a nadar aunque haya cierto peligro en el agua; aprender a reírse sin temor; a romper con sus miedos en la relación con los demás; necesitan arriesgarse a mejorar su capacidad intelectual, descubrir nuevas personas y nuevos países; necesitan encontrarse con ellos mismos y con Dios, y eso no lo pueden hacer si uno los detiene y si no conocen esa fundamental exigencia de la vida para ser felices.

Las personas a nuestro rededor no madurarán si prejuzgamos quiénes son y qué es lo bueno y lo malo, sin dejarlas elegir, pues necesitan, más que ninguna otra cosa, que les permitamos decidir. Que las dejemos ser quienes son, y no que las convirtamos en esclavas, hechas y conformadas a la imagen que uno espera de ellas; necesitan que aceptemos sus imperfecciones sin castigarlas por ello, sin chantajearlas, sin hacerlas sentir que sólo uno podría comprenderlas, para tenerlos atadas a nuestra propia persona.

Cuando hemos decidido odiarnos y odiar a la naturaleza, o dicho de otro modo, cuando no nos hemos esforzado por aprender de nosotros mismos y de la vida –de lo que es la vida realmente– ésta se convierte en algo falso y vacío.

Si no hemos aprendido a diferenciar lo que vale de lo que simplemente cuesta, si no se ha roto el velo del engaño, con las propias inercias y miedos, es difícil que podamos conocer a los otros. Primero hay que romper los propios límites, las propias corazas, y nuestras propias máscaras, para poder realmente dar amor a otros y permitir que los otros nos den amor.

Solemos pensar que el amor aparece por casualidad, por accidente o por suerte

Otro de los impedimentos para vivir el amor es considerar que éste aparece en algún momento por casualidad, por accidente o por suerte, y que si no llega, es por mala fortuna. Esto hace que estemos siempre pendientes de lo que sucede fuera de uno, de los accidentes o circunstancias mediante las cuales podemos descubrir ese don del destino, y olvidar, de nuevo, que todo lo que vivimos es el resultado de nuestra elección consciente o inconsciente.

En el mundo existen muchos seres humanos y depende de nosotros, de nuestra decisión, de nuestro valor, elegir clara y decididamente a los que realmente hemos preferido como compañeros gratos, amigos, etcétera.

La manera vacía de pensar en el amor considerándolo producto de la buena o mala fortuna nos lleva a dejarnos atrapar en una situación errónea, a ser esclavos de las circunstancias, y es entonces cuando a partir de una fiesta, una salida al cine, una reunión, decidimos establecer "compromiso" de por vida con otro ser humano; pero esos compromisos no pueden ser respaldados por nosotros ni por el otro; esas determinaciones nos pueden llevar a entablar a discusiones, peleas, agresiones, divorcio y separaciones en el caso de amigos y todo tipo de vínculos familiares.

Si no hacemos una elección consciente al comprometernos en una experiencia de amor, no podremos tener la madurez de respuesta, ni en nosotros ni en los demás. En el mundo en que vivimos, los efectos son el resultado de las causas; lo que nos sucede es el resultado de como iniciamos las experiencias y nos proyectamos en ellas; y dado que así es, no podemos esperar que con el simple deseo de que las cosas funcionen, aun con la mejor intención de querer amar pero sin saber hacerlo, vivamos resultados positivos y maravillosos. Lo que consideramos "suerte" no existe; es solamente el resultado de un mejoramiento, un perfeccionamiento, o nuestra evolución.

En el amor, más que en ninguna otra experiencia de la vida, son necesarios tanto el desarrollo y el perfeccionamiento personales, como la responsabilidad, la objetividad y la conciencia.

Si no nos aman, no es porque no merezcamos en realidad ser amados, o porque quienes nos rodean sean malos y quieran deliberadamente hacernos sufrir; sino que para poder amar y ser amado, hay que despertar el *ser superior* que está en el fondo de cada uno de nosotros y eso sólo se logra por medio de un esfuerzo de autodescubrimiento y desarrollo constantes.

Esto no debe entristecernos o hacernos sentir mal, pues cuando descubrimos la causa de nuestra infelicidad, de nuestros problemas, es cuando podemos realmente crecer y transformarnos, desarrollando las capacidades que nos permiten resolver los conflictos de la vida y la felicidad.

En la siguiente página verás algunas frases que pueden ayudarte a recordar lo que hemos visto en este capítulo.

- Aprendes a odiar
  cuando no te enseñan a amar.

- Cuando te rechazas y te odias
  no permites que los demás te amen.

- Tú eres el responsable de tu destino.

- Para poder vivir el amor, hay que estar dispuestos
  a recibir y dar en justa reciprocidad.

- El amor es la fuerza que en la naturaleza reune
  a los contrarios e integra al todo
  lo que está separado.

- Al desconocer la verdadera naturaleza
  y sentido del amor, nos equivocamos
  y atraemos la tristeza y el desamor.

- En el amor, más que en ninguna experiencia
  de la vida, son necesarios el desarrollo
  y el perfeccionamiento personales,
  la responsabilidad, la objetividad y la conciencia.

Enemigos del amor

Nada hay más terrible
que una ignorancia activa. Goethe

Si quieres no ser jamás vencido,
no tienes sino que escoger combates
en los que de ti dependa exclusivamente
salir victorioso.

Epicteto

Situándonos en el contexto adecuado, describiré los cuatro factores principales –que llamo enemigos del amor o abogados del odio– que son precisamente los que dificultan el acercamiento y la vivencia del amor. En orden de importancia, son:

- ignorancia
- miedo
- culpa
- inercia

Ignorancia

Para reconocerla, hay que empezar por diferenciar entre la ignorancia, entendida como el desconocimiento de algunos contenidos intelectuales y conceptos sobre la vida, y lo verdaderamente importante: la ignorancia de pensar y creer que uno ya sabe todo acerca de todos y del mundo, de modo tal que se conforma con ello, como si fuera toda la verdad, y se limita a una rutina sin posibilidad de cambios, aprendizaje o experiencias nuevas.

En el caso particular del amor, la ignorancia confunde porque lleva a considerar que lo que uno vive cotidianamente, aunque sea autodestructivo, es lo único que puede esperar de la vida. Hace confundir el amor con la pasión, con el enamoramiento, con la dependencia, con la obsesión y en general con una gama de experiencias humanas que no son creativas ni positivas, pero que son asumidas como valiosas por costumbre.

Por ignorancia desconocemos el amor, sus múltiples posibilidades y cómo generarlo; hay conformidad con lo que ya tenemos, es decir, no buscamos ni investigamos, no aprovechamos las alternativas que presenta el mundo a lo largo de la historia, los grandes sabios, las grandes filosofías.

La ignorancia te sitúa en una postura prejuiciosa ante la vida, que te hace comportar de manera rígida y decidir inflexiblemente sobre lo que está bien y lo que está mal, lo que se puede esperar y lo que no, y esto limita absolutamente para vivir el amor. ¿Por qué? Porque se queda uno en la superficie de las personas y de las situaciones; porque impide profundizar en ellas.

Al no estar abierto a la realidad objetiva de tu alrededor, no te puedes vincular con nada ni con nadie. Por supuesto que no es solamente tu ignorancia la que influye, si no la de todos y la suma de ignorancias nunca proporciona conocimientos, ni certeza, ni desarrollo humano. De momento, la ignorancia que puedes combatir es la tuya estando abierto a los cambios, a lo desconocido, a la verdad, ya que en la medida en que dejes de ser ignorante y reconozcas lo que aún te queda por aprender, empezarás a tener la capacidad de elegir y aceptar situaciones, personas o momentos, que te permitirán tener una experiencia grata y positiva.

Miedo

Otro enemigo devastador que deviene de la ignorancia (todos estos que llamamos enemigos del amor están relacionados y unos traen consigo a los otros) es el miedo. Tenemos miedo a no ser respetados, a no ser queridos, a las relaciones físicas, a ser engañados, robados, a... ¡tantas cosas!, lo que provoca que en nuestra relación con los demás siempre pongamos barreras, sean conscientes o inconscientes. Y entonces, al no tener un verdadero encuentro con el otro, al estar a la defensiva, nuestra conciencia se niega a conocerlo, a vivirlo y, por lo tanto, como consecuencia, los demás tampoco nos conocen.

Así, no puedes experimentar el amor como una unión reflejada en un encuentro, en un conocimiento profundo, en un objetivo común, porque te encuentras defendiéndote de que vayan a opinar mal de ti, cuidándote del "qué dirán", del "qué harán", del "qué pensarán", y te relacionas de manera artificial.

Tus maneras de defenderte del miedo son muy variadas; podemos, por ejemplo, mostrar grandes sonrisas, en pláticas aparentemente muy amenas, e incluso intercambiar caricias muy entretenidas, mientras en el fondo hay un gran abismo lleno de pensamientos como "hoy me acuesto contigo, pero debo tener cuidado, porque si me fallas, eso me va lastimar." Es decir, existen temores a los que estamos tan acostumbrados (al rechazo, al abandono, a los juicios negativos) que uno siempre se coloca en una posición defensiva, y si usualmente

asume esta actitud ante el mundo y los demás, es prácticamente imposible encontrarse a sí mismo.

Si frente a una persona piensas en competir y demostrar
que eres mejor o cómo no dejarte atrapar, no podrás experimentar el amor.

Culpa

Otro problema importantísimo con referencia a la posibilidad de vivir el amor es el sentimiento de culpabilidad, es
decir, los reflejos inconscientes o conscientes que te hacen
sentir que no te mereces lo bello y lo valioso, de tal manera
que si encuentras a una persona muy grata, abierta y positiva
de la que no tengas que defenderte, de cualquier manera no
aceptarás la relación, porque te consideras un ser feo, pequeño, tonto, malo y estás convencido de que no mereces vivir
algo tan bello, que a larga fracasará.

En este caso, prefieres conformarte con personas que te
degradan, manipulan, chantajean y te hacen la vida imposible, porque sientes que con ellas se equilibran tus (supuestos)
defectos, lo que no sucederá con las personas valiosas porque
crees que éstas a la larga te pedirán cuentas y descubrirán
que eres una pésima persona, que has tenido un error en
tu pasado o que no tienes las cualidades que deberías tener,
según su concepto. Todo ello dará como resultado final que
no intentes tener experiencias positivas.

La culpabilidad está muy presente en tu vida y hace que
inconscientemente provoques resultados negativos de manera constante. Si tienes que elegir entre un buen amigo o buen
compañero, generoso, atento, afable, inteligente, sensible,
objetivo y buscador de la verdad, prefieres a uno alcohóli-

co o conflictivo que, por lo mismo "no me va a dejar, pues igual somos la misma basura". Entonces piensas: "A mí, ¿qué podrá reclamarme?, si a él sí me lo merezco, con él sí puedo relacionarme; pero no puedo hacerlo con alguien mejor porque en el momento en que se entere de que me acosté con otra persona, cuando sepa que un día golpeé a mi hermano, robé libros, o tengo una verruga en la espalda...", en fin, te sientes culpable.

Pero ese sentimiento no es objetivo y tampoco positivo, no te hace responsable de haber hecho algo mal. No. Te sientes culpable de manera fantasiosa e irracional; inclusive te sientes culpable por ¡existir!, porque crees que con ello generas problemas en el mundo. Esto hace que tu actitud sea siempre autodestructiva y si la vida te hace encontrar a una persona valiosa, lo arruinas todo, ¿cómo? ¡Quién sabe! Quizá en la noche mágica y maravillosa te sientes indispuesto, te "rompes" un pie o simplemente esa noche te toca cuidar a tus sobrinos...

Si se te presenta la oportunidad de tener un mejor empleo, seguramente decides que está muy lejos, que el jefe no te cae bien o que no "la vas a hacer". Si después de mucho esfuerzo logras tener un auto o un vestido nuevo, te provocarás un accidente automovilístico o una rotura del vestido. Si logras reunir algún dinero, de seguro lo pierdes o te lo roban. ¿Qué no pasará al tratar de encontrar a tu pareja o a amigos ideales?... Lo menos que harás será desconocerlos.

Todos podemos tener sentimientos de culpabilidad por el sólo hecho de no ser perfectos –¿perfectos?, ¿según quién?– Eso, seguramente no lo has analizado todavía. ¿Lo ves...?, sigue siendo una posición irracional.

Inercia

Hemos hablado de la ignorancia, del miedo y de la culpa, y ya te habrás dado cuenta de que estos problemas crecen frente a la ignorancia, porque los miedos surgen de la falta de conocimiento de la vida, de nosotros mismos y de los demás, así como de una incapacidad para separar lo importante de lo que no lo es. La ignorancia es, pues, reforzada por la inercia. Supongamos que en este momento te percatas de que gran parte de tus conflictos en la vida han sido originados por el temor y por los sentimientos de culpabilidad. Pese a ello y aunque digas "mi miedo es que si tengo que vivir un momento de intimidad con alguien, ¿qué va a decir de mi cuerpo, de mis pensamientos, de mis sentimientos, de mi necesidad de leer poesía o de comer nueces?, ¿qué va a opinar?" Sin embargo, deberías darte la oportunidad de cambiar considerando que mereces vivir, comer o respirar, que incluso mereces contemplar el color de la naturaleza o un día soleado, pero no puedes porque todavía hay otro enemigo más a vencer: la inercia.

Ésta es un monstruo de poder extraordinario que logra que a pesar de que los individuos y la humanidad en general sepamos lo que nos perjudica, no lo resolvamos. La inercia es lo que hace que después de 20 años de conciencia internacional sobre el problema ecológico, sigamos destruyendo los ríos y los mares. Entendemos que estamos alterando la atmósfera, ya no podemos atribuirlo a una falta de conocimiento; sin embargo, día tras día seguimos arrojando sustancias tóxicas al ambiente sin tener la energía para romper con los hábitos negativos que detestamos pero no podemos vencer.

El caparazón con el que te has defendido de los miedos, el alejamiento con el que te protejes de los demás son tan añejos y están tan bien construidos que te impiden cambiar.

¿Qué tendrías que hacer si realmente quieres ser activo, creativo, disfrutar de la vida, de los momentos, de los días, de los colores, los olores, los sentimientos, los pensamientos, los actos de los demás, si quisieras compartir tu propio mundo interior y exterior con los otros?...

Tendrías que analizar cómo operan esos enemigos en ti y romper con ellos. Eso lo haces en tu mente, en este momento, ahora que no estás en lo mismo de siempre ni te hallas sometido al ritmo automático de comer, dormir, criticar, ver televisión, pensar que el mundo está mal; en este momento quizá te estés percatando de que tienes una posibilidad y vas a luchar por ella. Esa posibilidad es la de cambiar tu actitud en el mundo desarrollando tu ser, que es lo que te llevará a vivir plenamente el amor.

Ahora, sigue conmigo, nos vamos adonde el amor empieza. Recuerda lo que te enmarco en la siguiente página.

❧ Si no estás abierto a lo que sucede a tu alrededor, no podrás vincularte con nada ni con nadie.

❧ Si asumes ante el mundo y los demás una actitud defensiva, será imposible encontrarte a ti mismo.

❧ La culpabilidad está muy presente en tu vida e inconscientemente provoca de manera constante resultados negativos.

El arte de renacer

*Cuando perdonas,
cada día es verdaderamente nuevo
porque no arrastras el dolor de ayer.*

El desamor del que hemos hablado, evidentemente nos causa mucho dolor. La falta de comprensión, respeto, valores definidos, diálogos abiertos y apoyos francos, nos debilita y nos afecta a todos. En el fondo de cada uno de los seres humanos existe el anhelo de ser reconocido y querido, y la esperanza de querer y reconocer a los demás. Pero los humanos estamos limitados y este es uno de los aspectos que tenemos que admitir; como seres humanos vivimos en una evolución y transformación constantes y no hemos encontrado la clave para manejar adecuadamente nuestros potenciales, nuestra energía ni nuestras fuerzas. Esto último hace que tengamos continuas equivocaciones y que estas mismas alejen al amor y por lo tanto atraigan al decepcionante desamor.

Por el momento histórico que vivimos nos han enseñado a huir del dolor como si fuera algo malo que debemos evitar, y así, cuando el desamor está cerca de nosotros, lo ocultamos y negamos la realidad cuando ésta no corresponde a nuestros deseos, engañando y engañándonos, conformándonos con las apariencias y con lo que supuestamente podemos esperar. Debemos cambiar esta postura, en principio aceptando el dolor como vehículo de nuestra conciencia, y considerando que cuando algo más duele debemos enfrentarlo, porque de ese modo descubrimos lo que no está bien en nosotros mismos y lo que podemos mejorar. Cuando reaccionamos con fuerza y con valentía frente a lo que nos hiere, estamos dando el primer paso para acercanos al amor y cambiar lo negativo, toda esa agresión solapada, vacía, la negación de la alegría, que finalmente nos hará infelices.

Para transformar el mal por el bien hemos de estar dispuestos a vivir el perdón. Mas con respecto al perdón estamos equivocados, pues pensamos que perdonar es justificar y no darnos cuenta de lo que está mal. El perdón es una fuerza que tiene como finalidad restablecer el equilibrio en el mundo, restituir el orden y la armonía.

Nos hemos sentido dolidos muchas veces porque no nos han entendido, nos han traicionado, no nos han querido ni apoyado. ¿Y qué hemos hecho ante ello? ¿Callarlo, guardarlo muy dentro, desconfiar del mundo, llenarnos de máscaras, volvernos agresivos o pagar con la misma moneda? Y yo pregunto: en este caso, ¿qué significaría perdonar? ¿Significaría no reclamar y decir "así es el mundo" y conformarnos? No. Perdonar es entender que del mundo en que vivimos es el resultado de nuestro estado de crecimiento y que tanto nosotros como los demás seres humanos —sean nuestros padres, abuelos, vecinos, amigos o pareja— necesitamos aprender a desarrollar nuestras propias capacidades y manejar nuestros aspectos negativos para no hacer daño a los demás. Si realizamos un esfuerzo para comprender el porqué del desamor, estaremos en el camino de transformar lo negativo en positivo, y lo feo en bello...

Perdonar es, en principio, comprender que la persona que nos hace daño o nos niega el amor no lo hace por maldad ni deliberadamente; tampoco por perjudicarnos, por voluntad o porque no quiera que seamos dichosos, sino porque no sabe cómo hacernos felices, ya que ignoran cómo hacerse feliz a sí mismo y desconoce el camino del amor.

Perdonar no significa que aceptemos los hechos como son y que no podamos cambiarlos; significa entender que los demás han hecho sólo lo que han podido. Es disponernos a hacer las cosas de otra manera, darnos la oportunidad de vivir el amor y las relaciones humanas de manera más auténtica y profunda y, a la vez, más enriquecedora. Perdonar significa romper la cadena de resentimientos, desconfianzas, sentimientos negativos interiores que nos llevan a repetir actitudes negativas. Significa detener la fuerza de desajustes y desarmonías.

Perdonar no es un acto de condescendencia que realiza un superior con un inferior, ni sentirse por encima del bien y del mal, ni pretender transformar al "equivocado". No. En realidad nadie puede, mediante el perdón, cambiar o transformar la realidad de otro ser humano. Lo que sí podemos otorgar al perdonar es una limpieza psicológica, un volver a empezar, un estado de armonía en donde lo pasado no signifique una carga pesada y llena de resentimientos de negación y de prejuicios. Cuando enfrentamos el dolor que nos ha causado el desamor y nos damos cuenta de que ese sentimiento es el producto de una cadena de ignorancia y lo entendemos así, perdonar nos lleva entonces a no encadenarnos, a liberarnos de esa forma de actuar y a darle a las personas que se han equivocado una nueva oportunidad de amarnos y querernos.

Nosotros, como el mundo en el que vivimos, estamos en constante movimiento y ese movimiento está lleno de emociones, de pensamientos y de actitudes armónicas o desarmónicas. Son desarmónicas y causantes de muerte cuando existe agresión, resentimiento e ignorancia, y son armónicas cuando manifiestan comprensión, afecto, alegría y creatividad. Perdonar significa romper el impulso de destrucción para crear un marco de aceptación del otro, con sus propias condiciones de ignorancia.

Es evidente que el dolor que hemos vivido nos ha afectado, e incluso nos ha llevado a negarnos la posibilidad de amar, de comprender a los demás y de confiar en la capacidad de vivir relaciones verdaderamente enriquecedoras; quizá el dolor que hemos vivido nos ha hecho pensar que no existe la felicidad, ni la sinceridad, ni la posibilidad de crecer. Todo ello nos lleva precisamente a negar la posibilidad de amarnos a nosotros mismos y a los demás. Por eso es tan importante el perdón, porque es la manera de saldar, de superar experiencias negativas del pasado y concluirlas de manera madura y conciente, de empezar limpiamente las experiencias del futuro.

Perdonar es un acto de inteligencia hacia uno mismo y hacia los demás. Es entender que todos estamos aprendiendo a vivir, a amar, a construir, a ser eficaces y honorables, a ser seres humanos. Es, sobre todo, un acto de comprensión, un acto de inteligencia, de saber conocer y entender el mundo.

Tú que has vivido, que tienes tanto dolor en el corazón, tanta tristeza por lo que has visto, por lo que no te ha gustado, por lo que te ha afectado, entenderás que el perdón tiene que empezar por ti mismo. Tienes que perdonarte no haber nacido en otro lugar y no haber tenido otra familia; tienes que perdonarte no haber tenido otro color de ojos, otra estatura, otro cuerpo, otra mente, otra forma de reaccionar ante los problemas del mundo; tienes que perdonarte ser imperfecto. ¿Cómo? Comprendiendo que como ser humano estás limitado, que hay ciertas cualidades que has desarrollado, pero que también existen otras que no has podido desarrollar y que tú, como los demás, tienes que aprender a partir de lo que has logrado, de lo que ya sabes y has vivido como bueno y valioso, lo que te permite establecer un punto de partida generoso, limpio, alegre, creativo.

Perdonarte a ti mismo no significa justificar tus propios errores, tu propio rencor, tu propia inercia, tus propios miedos; significa aceptar que están en ti y que tienes que trabajar con ellos, que la vida es una aventura constante en la que nada está absolutamente resuelto y que, en la medida en que tengas la capacidad de perdonarte y perdonar, podrás despertar con ilusión por lo nuevo, por lo enriquecedor, por lo que te va a iluminar.

Es muy importante, sobre todo a la hora del perdón (entendiéndolo como aceptación de la realidad, sin resentimientos, sin respuestas negativas hacia esa misma realidad), comprender que lo primero es aceptarse a uno mismo y, sobre todo, al propio origen. Es muy importante perdonar el error y el dolor del propio ser y del propio núcleo familiar; no se trata de negar el dolor, ni el horror, ni justificar, ya lo dijimos; porque si lo negamos, lo evadimos, lo justificamos, nunca lo podremos superar.

Es importante que aprendas a decirte a ti mismo cuánto te dolió lo que tu mamá o tu papá te hicieron, o lo que te dijo tu hermanito o tu vecino; que sepas hasta qué punto te dolió que tu abuelito prefiriese a tu hermano o primo pero, a la vez, es fundamental que tengas la capacidad de verlo y asumirlo; debes comprenderlo y perdonarlo no como un acto de condescendencia, sino sabiendo que las actitudes de estas personas se deben a los problemas que ellos vivían. Necesitas aceptar tus orígenes, a tu propia familia y perdonarla para poder reconciliar tu lazo fundamental con el mundo.

Cuando lo hagas, cuando seas capaz de perdonar a tu padre y a tu madre, a tus hermanos y, especialmente, a ti mismo; cuando seas capaz de entender que los seres humanos estamos inmersos en una aventura extraordinaria en la que todo lo bueno depende de nosotros, entonces podrás encontrar el camino del amor.

¿Puedes decir "todo está muy bonito, pero también puedo vivir sin perdonar"? No. Si no te atreves a enfrentar el dolor, a darte cuenta de que existe en ti, de que quieres una vida distinta, experiencias diferentes, jamás podrás emprender ningún tipo de transformación ni manifestar verdadero afecto por los seres que te rodean y vivirás una eterna mentira, sintiendo por dentro algo que ni siquiera te atreverás a reconocer, por lo que tus frases estarán aparentemente llenas de cariño, pero totalmente huecas, totalmente vacías; viviendo un día tras otro en reuniones familiares o de amigos en las cuales nada tendrá sentido para ti.

El verdadero sentido está en la reconciliación contigo mismo, con el mundo y con la posibilidad de vivir. Lo que estamos viendo ahora es importantísimo. Nos hace saber que para conocer el amor, lo primero que hay que hacer es vivir y para poder vivir, primero hay que tomar conciencia de que existimos, y de que lo hacemos en la medida de nuestra conciencia, nuestras posibilidades y nuestros límites.

Cuando perdonas, cada día es verdaderamente nuevo porque no arrastras el dolor de ayer, porque puedes vivir en la realidad sin tener que inventar otra, porque puedes estar feliz aquí y ahora.

Perdonar significa romper el impulso
de destrucción para crear un marco
de aceptación del otro.

El perdón tiene que empezar por ti mismo.

¿Dónde empieza el amor?

H. P. Blavatsky

Siembra un pensamiento y cosecharás un acto,
siembra un acto y cosecharás un hábito
siembra un hábito y cosecharás un carácter
siembra un carácter y cosecharás un destino.

El amor empieza por uno mismo

El concepto fundamental del que ya habrás oído hablar para descubrir el amor es la autoestima, es decir, el amor por uno mismo. ¿Por qué es importante? ¿Es que los demás no te pueden querer si tú no te quieres? ¡Claro!, los demás te pueden amar aunque tú no te ames; el problema es que si no te amas jamás vas a descubrir y a recibir ese amor, porque en el afán de autodestruirte lo vas a rechazar, y aunque otros quieran ayudarte a crecer económica e intelectualmente, lo impedirás, y aunque quieran transmitirte afecto, no lo vas a recibir. Si un día alguien te dice: "¡Oye, que bien te ves hoy!", responderás, dudando: "¿Será?", y si te quieren abrazar dirás: "¡Hey, me lastimas!, ya déjame, ¿no?" ¿Por qué sucede esto? Porque tú mismo, en tu desamor, te sientes casi siempre feo e indigno de cariño, efectos de los enemigos del amor que se vencen sólo cuando decides conocerte objetivamente, liberarte de culpas y temores y sacudirte las telarañas. Cuando aprendas a tomarte en cuenta, a valorarte y a respetarte, descubrirás las claves del amor.

El amor por ti mismo, al igual que el amor por los demás, no es espontáneo; es resultado de una elección y un desarrollo consciente. Lo impulsas con tu propia decisión, voluntad y discernimiento, con una entrega deliberada a tu persona o a los otros en la que buscas siempre lo mejor para todos, atenta y responsablemente, y no de manera automática; no creyendo que amarte es, si tienes sueño, quedarte en la cama, o si sientes mucha hambre o mucha ansiedad comerte 15 tacos y tomarte tres cervezas. No, amarte es decidir en favor de tu propio yo, dándote oportunidades de crecimiento y desarrollo en circunstancias objetivamente positivas que has de buscar en todos los planos de la vida.

Recuerda que mereces la mejor ropa, la mejor comida, las mejores ideas, sentimientos, amistades, experiencias, de tal manera que si sueñas que un viaje a Egipto o a Grecia puede ser maravilloso, tienes que esforzarte por obtenerlo, sin después castigarte o culparte por vivir lo que te hace feliz.

Pasos para llegar a la autoestima exitosa

- ♥ Conocimiento de tu propia persona.
- ♥ Transformación de la imagen negativa que tienes de ti mismo, cambiándola por una imagen positiva elegida por ti.
- ♥ Aceptación objetiva de quién y cómo eres.
- ♥ Valoración y respeto por ti mismo.
- ♥ Afirmación de tus valores, pensamientos y actos.

Conocimiento de tu propia persona

El proceso de autoestima empieza por tomar conciencia de que existes. Al igual que la mayoría de las personas, crees que te conoces porque te has identificado con una imagen en el espejo, con un cuerpo que sientes al caminar, con un nombre y un medio familiar, pero conocerte va mucho es mucho más que esto; implica tomar conciencia de lo que eres: un ser humano. Si te das cuenta de que eres un ser humano, entonces tendrás que profundizar en cuáles son tus finalidades como tal, tus posibilidades de crecimiento, las características que ya has desarrollado y las que te faltan por desarrollar, así como las peculiaridades que te distinguen.

Empezar a conocerte implica, en primer lugar, explorar tu cuerpo. Por ejemplo, si tuvieras que describir tus manos o tu ombligo o cómo es tu propia figura, ¿tendrías muchas dificultades para hacerlo? Una de las experiencias más divertidas y reveladoras al respecto es moldear, con un grupo de amigos, cada uno un muñequito de plastilina o barro con los ojos cerrados, tratando cada cual de reproducirse fielmente. Lo que suele resultar es impresionante, pues hay mujeres que olvidan sus senos, jóvenes que olvidan sus ojos y quienes desconocen sus manos. ¿De qué te olvidarías tú?

Se trata, entonces, de conocer al máximo tu físico, pues con él te manifiestas en el mundo y no podrás quererlo ni cuidarlo, si lo ignoras. Tu salud depende de eso.

Después, debes atender y conocer tu nivel de energía: ¿qué tanta energía utilizas para trabajar, hablar, existir, comunicarte? ¿Cómo manejas el dinero (que es también energía) o los objetos?, ¿qué tanto respiras, que comes, cómo aprovechas tu interacción con lo que te brinda la naturaleza: sol, agua, alimentos, objetos? ¿Qué tanto intercambias y retribuyes positivamente de la energía que te permite estar vivo? De ello también depende tu propia riqueza.

Asimismo, tienes que aprender a conocer cuáles son tus respuestas emocionales más claras, o sea, tus sentimientos, sean buenos o malos: ira, alegría, tristeza, compasión, esperanza, dolor, ternura, horror, simpatía, envidia, celos, coraje, amor, admiración, confianza.

Necesitarás conocer tus concepciones e ideas acerca del mundo, de ti mismo, de lo que merece la pena y de lo que no. Tienes que aprender a diferenciar tus opiniones y pensamientos de los del resto de tus congéneres, los que has aprendido a identificar como tuyos pero que no lo son. Necesitas discernir si tus creencias son heredadas de tu abuelito o tu tía, o si realmente son resultado de tus propias valoraciones.

Es muy importante que reconozcas tu fuerza interior, lo que podemos llamar espíritu, tu propia conciencia, tu propio motor y rescatarlo para no dejarlo sepultado.

Diríamos que el primer paso para reforzar la autoestima es reconocerte como un ser absolutamente individual, diferente, con capacidades, responsabilidades y derechos propios y, lo más importante, que existes y dependes principalmente de ti mismo.

Transformación de la imagen propia negativa en una positiva y elegida por ti de manera consciente

Eres un ser mental, el resultado de tus propios pensamientos. Si piensas negativamente de ti mismo, reflejarás en tu vida esas imágenes negativas. Si piensas que tus posibilidades son limitadas, lo que lograrás es que esto se vuelva realidad.

Existe una misteriosa relación entre lo que pensamos y lo que vivimos; más claramente: nada hay que experimentes, sientas o vivas que no se haya presentado antes en tu mente por medio de pensamientos.

Quizá creas que esto no es verdad, pero analízalo y te darás cuenta de que tu vida es el espejo de lo que en algún momento has pensado. Entendiendo esto, si quieres amarte a ti mismo, debes empezar por crear una imagen bella, positiva, fuerte y capaz de tu persona.

Todos tenemos una imagen de lo que somos, en general, estereotipada: joven, estudiante, vago, conquistador, papá, contador, tío, abuelito, temeroso, capacitado... pero capacitado en qué, incapacitado para qué, ¿somos buenas o malas personas? Tu imagen propia es el resultado de la información que sobre ti mismo has recibido desde afuera. Si desde chiquito te han dicho que eres tonto o tonta, malo o desagradecido, tu imagen será devaluada: te identificarás de manera negativa con estos juicios deteriorados o deformados. Por ello debes aprender a mirarte de manera directa y a tener una valoración, un concepto propio de ti mismo y lo más positivo posible.

Tu pensamiento acerca de ti debe ser valioso, aun considerando que, como ser humano, tendrás errores, elementos o conflictos por desarrollar. Debes aprender a diferenciar, porque todo depende de tu circunstancia y del momento de la evaluación, es decir que si tienes un defecto, eso no significa que debas tener una percepción negativa, ni que te conformes diciendo: "soy perezoso y no me importa porque tengo autoestima". No. Significa decirse: "yo soy un ser humano valioso y el simple hecho de ser humano me da la oportunidad de reflexionar, de actuar, de recuperar todo lo valioso que tengo y de desarrollarlo por mí mismo, aunque tengo que superar éste o aquel defecto". Decirse también: "lo que me falta es incrementar mi capacidad de actividad constante porque me vence la inercia y en eso voy a trabajar, pues me quiero a mí mismo, me quiero cada vez más perfecto, más valioso, mejor, y puedo hacerlo, ¡nada ni nadie me lo impide!"

Un aspecto que me interesa destacar al hablar de transformación de la imagen propia es que *resulta vital* desligarse de los conceptos negativos que otras personas han vertido sobre nosotros. ¿Por qué te vas a quedar con una imagen negativa que puede ser la de tu abuela al juzgarte mal a causa de sus propios conflictos; o la de tu padre que no te conocía a fondo; o la de tu vecino, por supuesto superficial? El concepto de uno mismo debe surgir de manera objetiva y positiva, debes ver siempre tus cualidades potenciales, tu ser mismo, y enfrentar las carencias y los conflictos como un reto ante el futuro, pero nunca como una negación de tu ser.

Te costará trabajo el cambio positivo, porque cuando menos lo esperes te asaltarán pensamientos nefastos, e incluso dirás: "¡qué tonto soy, ya me he vuelto a equivocar, soy un imbécil!..." En la conversación que constante y calladamente sostienes contigo mismo aparecerán y reaparecerán estos reflejos de la imagen negativa que, muchas veces consciente y otras inconscientemente, has dejado vivir en tu interior. Por lo tanto, tendrás que poner mucha atención para detectar su aparición y trabajar con constancia para transformar, minuto a minuto, día a día, estas imágenes.

En momentos en que la vida te sonría y te vaya bien, te será fácil cambiarlas, pues tendrás elementos que te recordarán cosas buenas de ti mismo; pero en los inevitables ciclos en los cuales se te presentarán contratiempos, errores y contrariedades que propicien pensamientos negativos, ¡cuidado!

Precisamente en esas ocasiones debes esforzarte en recordar todas tus cualidades, las cosas buenas que has realizado, tus éxitos, tus posibilidades.

Debes empezar a recuperar los conceptos y las buenas imágenes de ti mismo, valorando lo que eres y recordando los sentimientos que has tenido, las acciones buenas que has realizado, las ideas buenas que has expresado, tus buenos pensamientos, en fin, mirarte, porque en cuanto estructures una imagen propia positiva, actuarás de acuerdo con ella. Sólo entonces desplazarás lo negativo por lo positivo.

Si te imaginas como el payasito de la feria, siempre que llegues a un lugar te sentirás como el payasito, pero si te ves como un individuo cordial e inteligente, te proyectarás como tal.

¿Cuál es la imagen que tienes de ti mismo? Pues, a trabajar firmemente con ella y a cambiar lo negativo en positivo.

Aceptación de quién y cómo eres

Por efecto de la cultura en que vivimos, queremos ser diferentes de lo que somos. Por ejemplo, una chica que forma parte de una familia con una complexión genética robusta quiere parecer una modelo y ser muy delgadita, por lo que no se acepta y cada vez que se ve al espejo se odia... ¿Por qué? Porque no está a la moda. Igual le sucede a alguien con mucha capacidad intelectual para las matemáticas, pero que no tiene la misma habilidad para la costura, y como resulta que una amiga suya tiene una casa de modas, no se acepta a sí misma porque no es como su amiga. Es lo de siempre: los rubios quieren ser morenos, los morenos, rubios; los jóvenes quieren ser adultos, los adultos, jóvenes...

Aceptarte no significa conformarte, no significa que si tienes una verruga en la nariz no te la quites, si así lo quieres; significa entender que es tu verruga y que eres el único que puede experimentar la vida con verruga o sin ella. Es decir, no puedes vivir en el cuerpo, en la mente ni en la capacidad de otro; tienes que vivir en tu cuerpo, en tu mente, en tu capacidad y eso tienes que aceptarlo porque sólo de esta forma experimentarás, crecerás, vivirás de verdad. Queriendo vivir a través de los otros, no vivirás.

La falta de aceptación de nosotros mismos es lo que nos hace estar pendientes de con quién se acuestan los artistas, dónde cenan, adónde viajan, qué hacen, a qué huelen, cómo visten, y eso mismo es lo que nos hace imitarlos; ¿por qué? Porque queremos ser otros. No obstante, tenemos que ser nosotros y aceptarnos. ¿No es maravilloso verse tal cual somos, pudiendo así darle a nuestra vida un sentido de transformación, de magia, y lograr así el nivel de perfección que soñamos?

La carencia de aceptación hace que nos dejemos llevar por el automatismo y la negación de uno mismo. Así, cuando comemos ni siquiera tenemos conciencia de qué estamos masticando o a qué sabe y cuando hablamos con los demás, tampoco sabemos lo que estamos diciendo, sólo proferimos palabras pero sin identificarnos con lo que expresamos.

Una de las cosas que más entristece es el incumplimiento de los compromisos; pareciera que ya no tienen valor ni la palabra empeñada ni el sentido del honor, porque simplemente hay una desconexión entre la palabra, la acción y nuestro propio yo.

Aceptar lo que eres, lo bueno y lo malo y reconocer que eres el resultado de tus decisiones, acciones y sentimientos es darte la oportunidad de vivir como tú elijas. Sólo cuando aceptes que tienes debilidad por la bebida podrás dejar de ser alcohólico; sólo cuando aceptes que tienes debilidad por la comida podrás mejorar tu figura; sólo cuando aceptes que tienes temor o culpa podrás cambiar.

Algo importante es saber que cuando no estás dispuesto a aceptar tus errores, no aceptas en verdad tus capacidades y te menosprecias: "no, pues yo nada más pensaba", "no, pues así me salió", "no, pues no tiene importancia". ¡Cómo no!, todo lo que haces y eres tiene tremenda importancia y debes verla; así imprimirás en tu existencia una verdadera fuerza, estarás ligado a tu yo interior, actuarás de manera coherente e integral y te construirás a ti mismo, no sólo en ciertos momentos o sucesos; y la vida ya no te va a empujar haciéndote dar vueltas como si estuvieras jugando a la gallina ciega... sólo así vivirás sin venda en los ojos, sabiendo quién eres, yendo a donde quieres; tus experiencias y tu vida tendrán sentido. Ya puedes, pues, empezar a disfrutar y a vivir el amor.

Valoración y respeto por ti mismo

¿Crees que no podemos respetar nuestras propias decisiones, pensamientos, sentimientos, espacio, tiempo, dinero, palabra?, ¿que carecen de importancia? ¿Por qué siempre el tiempo, el espacio, los sentimientos, los pensamientos de otro son respetables y los nuestros no? Hay que empezar a respetar todo lo que está en nosotros, y a tomarlo en consideración; esto nos permitirá valorar espacios, tiempos y situaciones necesarias para nuestro crecimiento, placer y bienestar.

Valorarte y respetarte significa reconocer la importancia de tus opiniones, presencia, actos y decisiones, impidiendo que otros, de manera alevosa o inconsciente, te menoscaben, manipulen, chantajeen o agredan. Antes de respetar las ideas y los proyectos de cualquier otro ser humano, debes anteponer los tuyos; no para competir o negar los otros, sino para ser tú mismo. No debes confundirte, sino interactuar sanamente, respaldando lo que dices con lo que haces.

Tu higiene, tu atuendo personal y el cuidado de los ámbitos en los que vives reflejan la medida en que te respetas; no en tanto a lo costosos u originales que sean, sino en cuanto a lo limpios, armónicos y positivos que resulten para ti y tu propia imagen. Cuando permites suciedad, deterioro, violencia y negación de ti mismo no te respetas.

Afirmación de tus valores, pensamientos y actos

La afirmación de uno mismo es el resultado de todos los procesos anteriores y es la actitud por la cual los haces patentes no sólo en ti, sino también en los demás. Afirmarte a ti es estar seguro de ti, a diferencia de lo que probablemente te sucede comunmente: llegar a un establecimiento comercial sin saber cómo pedir lo que necesitas, por miedo a que te respondan con descortesía; efectuar un trámite oficial rezando para que el que está en la ventanilla te atienda bien y no te insulte; transitar por la ciudad y esconderte de la policía porque invariablemente crees tener las de perder; asistir a una fiesta incómodo, preocupado de si te miran mal o si estás comportándote adecuadamente, según los otros...

Estar afirmado es estar muy claro, decidido, sin depender de la opinión de los otros. Este proceso de afirmación está basado en un contacto directo y claro contigo mismo, que te lleva a saber lo que eres, no por referencias externas, sino por las tuyas propias. Se basa en superar la necesidad de buscar a cada instante que te aplaudan, que te digan que estás bien, que eres una persona correcta y que no te van a rechazar. Cuando tú mismo no te rechaces, te dejará de importar la opinión de los otros. Tendrás conciencia de lo que dices, haces, piensas y sientes; vivirás de acuerdo con tus principios, valores, objetivos y deslindarás lo que opinen los demás al respecto. Sabrás escucharlos, pero separarás muy claramente lo que depende de ti y lo que depende de ellos.

Eres tú quien decide sobre tus palabras, tus acciones, tus pensamientos y tu vida; quien organiza tu tiempo, tu dinero o tu espacio, y tienes que aprender a expresar lo que quieres y lo que no ante cualquier ofrecimiento: comida, fiestas, reuniones, compromisos de trabajo, políticos, religiosos o artísticos, amistad, noviazgo o matrimonio. Para ello tienes que preguntarte qué quieres y que no; qué te beneficia y qué te perjudica; si quieres comprometerte o no, si puedes responder o no a esos compromisos.

Cuando decidas lo que quieres, tienes que saber también cuándo y cómo lo quieres, y decirlo de manera serena y sin agredir a nadie, con consideracion hacia los otros pero, sobre todo, hacia ti mismo.

Debes decir exactamente lo que piensas y cómo lo piensas, lo que quieres y cómo lo quieres, esperando de los otros el respeto que tú te das, sin dejarte llevar por falsos pudores, que ya sabes que son resultado de tu negación. Decir: "no, no quiero", "no me gusta" no significa agredir; significa aceptarse, afirmarse y simplemente comunicar lo que deseamos evitando, por temor o por ansiedad, pretender estar de acuerdo con los otros que, a fin de cuentas, significa no estar de acuerdo con uno mismo. El obstáculo es que resulta difícil mantenerse en la postura y decir: "yo no pienso igual", porque tienes la idea de que entonces los otros te rechazarán, y te negarán su afecto o simpatía.

Con lo que has de estar de acuerdo es contigo mismo. Cuando te conoces, cuando íntimamente te ligas a tu yo interior, porque vives conscientemente minuto a minuto, se establece una integración tan grande y una valoración tan positiva que ¡cómo no te vas a amar! Y ¿cómo se reflejará este amor? Se reflejará como autoestima en el amor hacia uno mismo, es decir, en buscar situaciones positivas y valiosas, buscar la salud, la belleza, el conocimiento, las buenas acciones, los buenos sentimientos, el buen saber, el buen vivir. Todo ello te permitirá ayudar, respetar y valorar a los demás porque ya tienes una referencia, un saber sobre el respeto, la valoración y, sobre todo, la afirmación.

Vamos a hablar ahora de los aspectos prácticos. Ya dijimos lo que hay que hacer, pero ahora, ¿qué hemos de enfrentar para conseguirlo?

Vencer a los enemigos del amor

¿A quién hay que vencer primero? A la inercia. ¿Por qué? Porque si te dejas llevar por la forma como has vivido ayer, anteayer, antes de anteayer, no vas a poder cambiar nada de lo que inconscientemente se proyecta en ti.

Y si no lo haces, lo primero que lograrás es detener tus hábitos negativos y tomar conciencia de ti mismo. Al romper la inercia podrás trabajar con tu autoimagen y cada momento que surja una imagen negativa, la sustituirás por otra positiva.

Es muy importante recordar que los seres humanos vivimos de acuerdo con imágenes mentales. Lo que experimentamos y vivimos lo hacemos primero en nuestra mente. Nos predisponemos positiva o negativamente hacia una persona, una situación o una experiencia, primero en la mente, después en los sentimientos y por último en la acción.

Otro aspecto fundamental es entender que esa imagen negativa se refuerza por nuestros enfoques en la vida, que a veces nos llevan a considerar que no hemos tenido suficiente éxito o que nos hemos equivocado. Sin embargo, es vital entender que la vida es cíclica y no siempre se falla, ni siempre se tiene éxito. Ten muy claro en la mente lo que has logrado y colócalo como imagen positiva para desplazar la negativa.

Cuando nos sintamos mal por no haber conseguido algún triunfo, consideremos que no todas las cosas dependen de uno, que hay cosas que dependen de los otros, y que si está en nuestras manos, lo lograremos.

Trabaja mucho la imagen que quieres de ti mismo porque —y esto lo tienes que recordar— en cada momento que te ves como tonto, como débil o como egoísta, te destruyes, te provocas culpas, te castigas, tiendes a esconderte de tus propios ojos, de tu propia mirada y acabas por no identificarte, por ignorar quién eres, lo que necesitas y hacia dónde vas.

Cuando aprendemos, con esa valoración y ese respeto, a proyectar una buena autoimagen, podemos empezar también a tener imágenes positivas de los demás, porque valoramos lo que hacen y dicen, tomamos en cuenta que toda la energía manifiesta por un ser humano es valiosa, que es el resultado de la gran evolución universal, reconoceremos la energía en una planta, la belleza en un animal y en una piedra, y entendemos que todo eso es un esfuerzo de la naturaleza.

Si tienes una imagen de ti mismo positiva, te darás cuenta de que no solamente eres muy importante, ¡sino absolutamente valioso para ti mismo! Si no te otorgas importancia en tu propia conciencia, y nada lo es para ti, pues ¿qué puede tener importancia para quien no le importa su propia vida? Proyectar una imagen positiva cuando estableces un encuentro con otro ser humano o vives cualquier circunstancia, hace que lo que piensas y dices sea valioso, por lo tanto no lo calles.

Sin necesidad de agredir ni agredirte, sin humillar ni humillarte, sin destruir ni destruirte, simplemente estarás seguro de ti mismo, afirmado en ti mismo, sin miedos ni culpas.

Este trabajo mental requerirá, como ya habíamos dicho, de una constante atención. Es con ella que podrás vencer la inercia y caminar hacia el movimiento libre y voluntario de tus pensamientos.

Establecer los propios valores

En nuestro mundo cotidiano damos poca importancia a los valores profundos que determinan nuestros actos y nuestra forma de vivir, de tal manera que muchas veces actuamos sin convicciones y con mucha confusión. Vamos como barcos sin rumbo y sin recuerdo del puerto de partida. Todos valoramos lo que resuelve nuestra necesidades más apremiantes: dinero, casas, vestidos, elogios, vanidades, y para conseguirlo dedicamos casi la totalidad de nuestra energía vital.

¿Es todo eso lo que realmente vale para nuestra persona interior? ¿Nos proporciona sabiduría, alegría, belleza, bondad, armonía? ¿Nos ayuda a trascender?

Tenemos que saber diferenciar lo necesario como medio, de lo que nos es fundamental para nuestra realización como seres humanos extraordinarios, sabios, con tremendo poder de transformación y creación. Debemos entender que nuestras necesidades físicas, económicas y emocionales no tienen por qué estar en contradicción con la profunda realización espiritual. Si comemos, dormimos, nos movemos y nos relacionamos es con la finalidad de ser nosotros mismos en lo mejor de nosotros mismos, y para realizar esta finalidad y poder ser felices, necesitamos mucho más que comer y beber. Reconocer lo valioso en nosotros mismos nos ayuda a trascender, eligiendo de manera clara la verdad, la justicia, la armonía, la belleza y el bien.

El universo nos enseña claramente que la vida se desarrolla a partir de esos valores permanentes y cada uno de nosotros debe elegir los que le resulten fundamentales para expresar su propia esencia y fuerza interior.

Si no establecemos valores y prioridades, vamos a despilfarrar nuestra oportunidad de vivir y actuar, pues sin dirección, las decisiones no pueden ser adecuadas. La ausencia de valores nos hace confundir prioridades, objetivos, necesidades, disgregándonos en momentos y deseos fugaces que dividen nuestro yo. Eso nos destruye. Es como si un amigo quisiera tomar un autobús hacia Mérida y lo obligáramos a acompañarnos a Chihuahua... ¡Le estaríamos haciendo la vida pesada!

Entonces, no te la hagas pesada a ti mismo. Cuando no sabes lo que quieres, a veces vas al norte, a veces al sur y al final estarás perdido.

Busca un diálogo personal y sincero acerca de lo que para ti es importante, realmente valioso, hacia dónde quieres dirigirte, qué deseas experimentar y de qué modo, y no renuncies a tus valores profundos; ellos son los que bañan tus actos con un halo de espíritu y magia que los hace trascender.

Discernimiento

Es fundamental deslindar lo que depende de ti y lo que no. Por lo general, pensamos que los otros son los que nos hacen infelices, nos hacen enfadar, nos limitan, nos oprimen. ¡Cuidado! Tenemos la responsabilidad de todo lo que hacemos, resulte benéfico o perjudicial. No culpes a los demás por lo que piensas, sientes o haces. Renunciar a elegir y dejar que otros elijan por ti no es responsabilidad de ellos, sino tuya. Por tanto, es fundamental que asumas tu vida y te hagas cargo de lo que sucede. Si algo no te gusta, entonces ¡cámbialo!

Aprender a reconocer lo que es profundo o superficial, positivo o negativo, nuestro o de otro, trascendente o vanal, egoísta o generoso, es el medio para afirmar con sabiduría nuestra voluntad y dejar que se realice nuestro ser humano interior, nuestro ser verdaderamente humano.

Sin discernimiento no hay elección y, sin ella, tampoco habrá libertad.

Compromiso con tu persona

Cuando sabes lo que quieres y cuáles son tus valores, debes comprometerte contigo mismo, serte fiel, no fallarte y entender que amarte no significa que no habrás de esforzarte. Aprender a amarte y a descubrir el amor en toda la naturaleza es un proceso de evolución y de despertar de conciencia que implica esfuerzo, y esfuerzo significa incorporar una nueva forma de energía que hasta ahora te era desconocida. Esto es siempre positivo, te permite realizarte y te hace feliz.

Derrotando al temor

Cuando no tienes autoestima, piensas que los otros van a destruir tus conceptos y consideras que debes defenderlos a toda costa, de manera que si tienes un ideal, una opinión o un concepto, ¡tienes que demostrar que es el verdadero, el único importante! Y no es así; para que el tuyo sea el verdadero, para que este plato que te permite poner tu taza de café sea un plato bonito y útil para ti, no necesitas que los demás carezcan de plato.

Para que tengas una idea del bien, de la verdad, un sentido estético, un sentido del amor, no necesitas que los demás no lo tengan, lo que necesitas es tenerlo en ti mismo, vivir de acuerdo con tus propios valores y estar absolutamente comprometido con ello.

Debes ser fiel y elegir de la vida lo que te parece valioso, pero no te limita que otro tenga una idea diferente del mundo, otra experiencia, otra valoración. Si oyes una opinión absolutamente distinta de la tuya, dirás: "qué curioso que pienses así, yo pienso de este modo y para mí es maravilloso; tú no piensas así, pues a ver qué pasa, después nos vemos y conversamos", y el otro podrá decir: "mira yo creo que mi opinión es válida por esto y esto". La aceptacion de lo ajeno, el diálogo, siempre nos va a enriquecer, nunca nos va a mermar. La historia de la humanidad nos ha enseñado que los más grandes motores de odio y destrucción han sido los temores a lo diferente. No se puede amar lo que se teme, que otros hayan visto a Dios o a la vida de otro modo ha justificado numerosas guerras y agresiones...

Disponte a la tolerancia, a la aceptación del otro, eso no te hará más frágil sino mucho más fuerte. Se tú y deja que los otros tengan también su oportunidad. El respeto es una forma de amor.

Estimando a los demás

Una forma de reforzar la autoestima es apreciando a los demás y fomentando que ellos se estimen también. Los juegos, la manipulación o el chantaje son manifestaciones de temor y nos hacen decir: "a éstos los tengo que controlar, no vaya a ser que yo pierda el dominio". No, cuando frente a nosotros alguien se demerita, debes decirle: "Oye, tu opinión es importante" o "me interesa conocer lo que realmente quieres", o "yo reconozco en ti tal cualidad".

Es importante no caer en el juego de autodestrucción ni de la destrucción ajena, porque eso es justamente lo que nos aleja de la posibilidad de vivir el amor. Recuerda que hablábamos de la autoestima como una parte necesaria para experimentar el gozo emocionante y maravilloso de convivir, y decíamos que primero debemos tener conciencia de nosotros mismos para poder compartir nuestras experiencias con los demás.

Vamos a suponer que estás con alguien que ha tenido una idea brillantísima, que a ti no se te había ocurrido; pues si tienes simpatía por esa idea, debes manifestar aprecio. En el mundo de desamor en que vivimos, nos dan mucho miedo las cualidades de los demás, aunque las necesitamos, porque sin ellas no podríamos vivir; pero estamos siempre a la defensiva e inmersos en la competencia. ¿Por qué nos asustan las cualidades de otro? Porque pensamos que nos aplastan.

Cuando tenemos nuestra propia cualidad, la del otro no nos empequeñece, sino que nos fuerza. La gente que se ama, siempre logra hallar personas a su alrededor que también se aman y que potencian su experiencia de vida. Cuando uno no teme a los otros y no pretende ser más o menos que ellos, es cuando puede convertir la vida en un constante enriquecimiento y desarrollo.

- El amor empieza por uno mismo.

- El proceso de autoestima empieza
  cuando tomas conciencia de que existes.

- Eres un ser mental, el resultado
  de tus propios pensamientos.

- Cuando no estás dispuesto a aceptar tus errores,
  tampoco aceptas verdaderamente tus capacidades.

- Una forma de reforzar la autoestima
  es apreciar a los demás.

- Existe una misteriosa relación
  entre lo que pensamos y lo que vivimos.

- El respeto es una forma de amor.

- No puedes vivir en el cuerpo, en la mente
  ni en la capacidad de otro; tienes que vivir
  en tu cuerpo, en tu mente y en tu propia capacidad.

El camino del éxito

Todo lo que somos es el resultado de lo que pensamos.

Buda

El éxito está relacionado con el logro eficaz y adecuado de los objetivos; claro que cada quién lo concibe de manera distinta, dependiendo de los fines que considera valiosos. Hay quien cree que el éxito radica en vestir a la moda, tener muchos admiradores, ser propietario de una empresa, tener un carro del año o comprarse un perfume caro; hay quien cree que el éxito es obtener un título profesional, hacer un viaje por todo el mundo o seducir a cuantas personas encuentre a su paso. Para ser más precisos, cada cual tiene un criterio particular de lo que es, y se esfuerza por lograrlo persiguiendo alguno de estos objetivos que nuestra sociedad ha convertido en símbolos de triunfo.

Suele ser una necesidad sentirse queridos y aprobados, lo que nos lanza a la conquista de éxitos aparentes. Ponemos toda nuestra energía en los objetivos que creemos posibles de acuerdo con nuestras características y habilidades; el que tiene gran capacidad intelectual buscará probablemente maestrías, doctorados, menciones honoríficas; el audaz, por su parte, querrá obtener reconocimientos o trofeos por su acción en deportes de alto riesgo.

Todos podemos tener triunfos como este; pero ¿es eso realmente el éxito? Desde el punto de vista filosófico, el verdadero éxito en el ser humano es la realización integral de sí mismo. De acuerdo con ello, aunque tuvieras muchos logros en los negocios o en otros ámbitos, si no te conoces bien a ti mismo, si no has desarrollado tu capacidad de amar, de comprender, ser feliz, no has obtenido el éxito real, el único que merece buscarse.

Nuestra cultura nos ha condicionado de tal modo a valorar lo superficial y lo intrascendente, que confundimos las pequeñas conquistas, las que son parciales y vanas, con la realización. Así, nuestra conciencia permanece confusa, adormecida, se vuelve incapaz de discernir y elegir las acciones que nos conduzcan hacia el desarrollo de nuestro ser interno en toda su potencialidad y a la realización adecuada y eficaz del objetivo humano, el que nos hace sentir bien y auténticamente felices.

El éxito real es el resultado de vivir con coherencia, integrando lo que pensamos, sentimos y hacemos; es que nuestra interacción con el mundo y con los otros seres humanos sea resultado de la armonía interior.

Ponte a pensar: ¿será éxito el hecho de tener mucho dinero a costa del sacrificio de seres humanos que entregan su vida para que alguien conduzca un auto de lujo o tenga un avión privado? ¿Será verdaderamente un éxito seducir a muchas mujeres, cuando su posterior abandono causa tanto dolor? ¿Será éxito parecer muy guapo cuando eso cuesta tanta energía, y tanta tensión sin finalidad?... Pues no; si lo fuera, vivir así nos permitiría valorar de manera espontánea la magia de nuestro interior y la disfrutaríamos tanto que no haría falta destruir y usar lo ajeno para reconocernos importantes y poderosos.

Si vemos claramente que nuestra confusión de valores nos deja en vacío, desolación y desamor, que día a día nos alejamos de nosotros mismos, de la dulzura del corazón activo y sin temor, debemos entonces ser honestos con nosotros mismos y darnos la oportunidad de elegir los objetivos reales que nos lleven a experimentar lo que tanto buscamos: el amor.

Nos será útil diferenciar el aparente éxito (o exitismo) del éxito auténtico. El exitismo lo podemos lograr todos. Si una persona alaba tu inteligencia, tu físico o cualquier otra característica, puedes sentirte por un momento exitoso, pero el rato agradable pasa y cuando te quedas solo contigo mismo, te das cuenta de que los elogios pudieron resultar agradables a tu vanidad sólo por instantes pasajeros. Mas, de todo eso, nada permanece, nada es real. Los logros circunstanciales, discontinuos y externos nos conducen a un exitismo esclavizante que, para ser mantenido, nos exige, como el famoso Mefistófeles a Fausto, el espíritu, el alma, la vida toda.

Éxito es la conciencia y el desarrollo que logras en el fondo de ti mismo y que se refleja en el exterior de manera natural, en forma permanente, y sin conflicto. Es el despertar de tus poderes: como la voluntad, el discernimiento, la capacidad de relacionarte contigo mismo y con los demás con confianza, generosidad, respeto, alegría. Es vivir feliz de modo natural.

Este logro, que se realiza mediante un proceso constante, paulatino, no se pierde jamás, bajo ninguna circunstancia. Es el tesoro que nadie nos puede quitar. ¿Por qué dedicar toda tu energía, tiempo, anhelos y mejores sentimientos a objetivos que en el fondo no te retribuyen ni aportan nada?, ¿por qué encauzarte a aparentes expresiones de realización humana momentáneas y fugaces, que te dejan vacío y a las que tienes que perseguir continuamente?

Puedes esforzarte mucho por obtener un alto puesto en el trabajo, una posición intelectual destacada, y a veces lo logras, pero cuando sucede dices: "caramba, tampoco es lo que esperaba", sin contar con que la mayoría de las veces no lo logras y acabas diciendo: "¡no valgo nada!" Y todo ¿por qué? Por no elegir el camino de lo que realmente vale.

Para tener éxito en el amor, por ejemplo, tienes que mantener los ojos abiertos y el corazón dispuesto; necesitas ser valiente, retomar el mito del héroe, aparentemente romántico, pero cierto. Éxito no lo tiene cualquiera. Todos podemos tener presiones; éxito, sólo los que deciden reconocerse en toda su plenitud y enfrentar las dificultades, los conflictos, y también respetar lo que está fuera de ellos mismos. Lo obtienen quienes no solamente se conocen a sí mismos, sino también a los otros, y logran realizarse sin destruirlos, sean éstos humanos o no; es decir, árboles, animales, y demás. Quizá esto parezca excesivamente romántico e idealista pero es simplemente la verdad.

No vamos a olvidar que a pesar de lo profundos y elevados que seamos internamente, todos necesitamos comer, vestir y disfrutar de ciertas comodidades; así que tampoco se trata de descartar el mundo material, la vivienda, los vestidos, los restaurantes, los teatros, los libros, los discos. No se trata de despreciar estos elementos, sino de integrarlos, diferenciando lo que somos y lo que vivimos, de lo que solamente usamos.

El verdadero éxito es acostarte deseando que los sueños te hablen, y despertarte deseando que los sucesos cotidianos te enseñen; es estar de acuerdo contigo mismo, aceptar tus limitaciones y desarrollar tus capacidades de acuerdo con objetivos positivos para ti y para los demás y elegidos por ti mismo. Lo contrario, quieras darte cuenta o no, causa desar-

Check Out Receipt

Brighton Park
312-747-0666
http://www.chipublib.org/brighton
park
Wednesday, July 5, 2017 1:39:35 P
M

09154

Barcode: r0423315711
Due Date: 7/26/2017
Comment:

Barcode: r0321897211
Due Date: 7/26/2017
Comment:

Barcode: r0446964547
Due Date: 7/26/2017
Comment:

Barcode: r0502299113
Due Date: 7/26/2017
Comment:

Barcode: r0432997601
Due Date: 7/26/2017
Comment:

Thank You!

monía, causa dolor en ti y en los demás, es destructivo y no puedes llamarlo éxito.

Si lo que queremos es éxito real: realización interior, amor, sabiduría, una vida feliz, tenemos que estar dispuestos a cambiar de fondo las actitudes y orientaciones destructivas que nuestra cultura mercantilista y vacía nos ha enseñado; especialmente, la de valorar sólo las apariencias y creer que vivir es sólo usar, sean cosas o personas.

Mientras no salgamos de esa trampa y sigamos presos en la confusión de resolver nuestras necesidades utilizando a los otros; mientras estemos interesados en lo que los otros nos dan y no en lo que son, nuestro utilitarismo nos impedirá ser espontáneos, naturales y apreciar a los demás. Debemos aprender que la vida y que los seres vivos no se usan; se usan los tenedores, las planchas, las plumas. Si no desarrollamos la sensibilidad que nos permita apreciar a los demás por lo que son, no podemos amarlos ni recibir su amor. Debe quedarnos muy claro que la vida no se usa, se vive, se experimenta; que los seres se aprecian, y con ellos compartimos lo que sentimos, pensamos, hacemos y ésa es la auténtica riqueza.

Con este modo de valorar a nuestro propio ser y ante la oportunidad de vivir y realizarnos, es muy útil atender al desarrollo de algunas capacidades propias de nuestra mente que nos acercan día a día a nuestros objetivos. He aquí algunas de ellas.

Elección

Cuando hayas armonizado tus objetivos, lo siguiente será deliberar, sin que nadie te diga, qué quieres de tu vida; o ¿crees que puedes ser una persona de éxito si ni siquiera sabes lo que quieres?, ¿cómo planearlo entonces? Supón que estás en una empresa y te va muy bien; si no lo has elegido, no es tu éxito, es el éxito de quien te inventó. Entonces, ¿quieres vivir o ser vivido por la imaginación de otros? Eso hay que aclararlo. Es necesario saber realmente lo que tú quieres y ejercitar el don extraordinario de la libertad; y se manifiesta cada vez que haces una elección consciente. No es fácil; te encontrarás con los conflictos que resultan de desear múltiples cosas a la vez, en ocasiones claramente opuestas. Deberás diferenciar entre todas lo que buscas, lo más importante de lo que no lo es, priorizando y esclareciendo los objetivos de tu vida: cuáles son fundamentales y cuáles son superficiales.

¿Para qué?, para que cuando tengas que distribuir tu energía, tu atención, sepas qué y cuándo dar. Vamos a poner un ejemplo: si quieres llegar a ser un gran violinista, la tarea fundamental para lograrlo será desarrollar tu talento artístico, tu capacidad de interpretación, tu manejo del instrumento; tener una excelente colección de música, puede ser una tarea que apoye la fundamental, pero totalmente secundaria.

Lo que debes reflexionar si quieres tener éxito en la vida —no este año o en tal ambiente social o circunstancia, sino éxito pleno— es decir, mirarte al espejo y sentirte alegre al observar tus ojos, ser fiel a ti mismo con lo que piensas, haces y dices; si quieres tener la seguridad de que puedes sentir amor, darlo y recibirlo, es muy importante jerarquizar objetivos y valores, porque entre ellos también puede haber conflictos.

Recordemos el ejemplo de ser el mejor violinista. Quizá haya uno mejor que tú y la solución podría ser matarlo, ¿no? Si muere, ya eres el mejor. Pero ¿es tu valor destruir a otro para crecer? Tendremos que entrar en un proceso de autoobservación y discernimiento: ¿cuáles son tus objetivos fundamentales, los intermedios, y los superficiales?, ¿cuáles son tus valores? Después de definirlo, inevitablemente hay que hacer un juicio, decidir los objetivos e integrar los valores, la energía, las imágenes y la atención. ¿Es muy complicado? No; se trata simplemente de estar armonizados, buscando siempre la coherencia y decidir con libertad y valentía. ¿Por qué tener a tu alrededor lo que no te gusta, lo que no quieres o lo que está en contra de lo que sientes o piensas?

¿Tú comes pescado, mandarina, frijoles, nueces y nabos a la vez? No, ¿verdad? En un restaurante, el mesero pregunta: "¿qué quiere usted?; hay ensalada de esto, sopa de aquello, pescado?" ¿Cómo eliges? En principio, a partir de lo que apeteces. Si eres una persona muy consciente, considerarás qué será bueno para tu salud, si lo puedes pagar, y así irás descartando y considerando tu deseo, tu necesidad, tu capacidad...

De igual manera debes saber elegir en el mundo. Imagínate un gran restaurante donde hay muchos hombres, mujeres, empleos, lugares para estar o visitar, platillos que comer, experiencias que vivir, disciplinas que ejercitar. Debes darte la oportunidad de leer la carta y preguntarte: "de este menú existencial ¿qué voy a comer?, ¿lo masticaré con gusto o simplemente me lo voy a tragar?, ¿lo podré pagar o tendré que lavar platos toda la vida?

¿Decidimos un día casarnos y pasamos la vida lavando platos o decidimos meternos en una empresa y pasamos la vida boleando zapatos? Claro, si vale la pena, hacemos tratos con gusto, pero ¿y si no lo vale?, ¿cuál sería el precio?, ¿qué sentido tendría ir a un restaurante sin saber elegir? Muchas veces, solemos ir a ellos y aceptar lo que nos ofrecen sin decidir realmente, y pagamos precios altísimos, a pesar de nuestro disgusto o de la baja calidad de lo consumido. Es un desperdicio y una tontería, y no tiene gran trascendencia; pero no debe suceder en las experiencias más importantes de tu vida. Te puedes equivocar en un asunto trivial, pero lo fundamental es cuidar las elecciones que afectan de modo definitivo tu existencia.

Puedes pensar que estar siempre atento, eligiendo con conciencia, nos lleva a una vida tan rígida, tan estructurada, medida, procesada, tan calculada y supervisada, que deja de tener encanto, frescura, espontaneidad. No; podemos sentirlo así porque andamos distraídos, en automático, sin imaginar ni decidir. Por el contrario, cuando tomamos conciencia del tremendo poder de nuestra libertad e individualidad, cada momento de la vida se vuelve interesante, emocionante. Cada momento es una oportunidad de manifestarnos, de reconocernos y de aprender de la vida. Cada instante es diferente, lleno de frescura y singularidad.

Todos tenemos un lapso para vivir; no discutiremos la posibilidad de vivir otras vidas; lo que es un hecho es que nuestra presencia en el mundo está sujeta a los límites del tiempo y del espacio: hay un tiempo para vivir, espacios para desarrollarnos, energías para manejarnos en ese tiempo y ese espacio, y si no sabemos elegir porque lo queremos todo o porque no nos damos la oportunidad de saber qué es bueno, verdadero y bello, ¿a quién haremos responsables de nuestro vacío?

Imaginación

Los humanos somos seres mentales. Poseemos un arma terrible, mucho más que las bombas, que el dinero, que el sexo: la imaginación, la capacidad de visualizar lo que queremos.

Si ahora mismo cierras los ojos y quieres, sin ningún tipo de límites, desarrollar en tu mente con la imaginación tus anhelos interiores, tus deseos más profundos y los visualizas, no dudes que crearás en estas imágenes la semilla de la realidad.

Por lo anterior, somos el resultado de lo que pensamos, de las imágenes que habitan en nuestra mente, seamos o no conscientes de ellas. Es maravilloso poder determinar a voluntad nuestra realidad presente y futura. Todos podemos, desarrollando nuestras facultades mentales, ser dueños de nuestro destino.

Para que nuestros pensamientos tengan la fuerza y la armonía necesarias, necesitamos dirigirlos de manera consciente. La fuerza de la imaginación reside en la claridad, en la permanencia de las imágenes y en la concentración de nuestra atención en ellas.

Es muy importante saber que no siempre somos dueños de lo que sucede en nuestra mente, que no sólo imaginamos cuando nuestros pensamientos están dirigidos consciente y voluntariamente y que, por el contrario, cuando somos arrastrados por pensamientos e imágenes involuntarios, es la fantasía la que nos seduce, y nos hace perder conciencia y sentido de realidad.

La imaginación es fértil, creativa, energetizadora; la fantasía no. Puede ser agradable, en un momento, ser arrastrados por y evadirnos en ella, pero también puede ser muy peligroso, pues una mente sin dirección es semilla y fuente de caos.

Dada nuestra tendencia al automatismo y a la inconsciencia, es más frecuente en nosotros la fantasía. Con ella negamos la realidad y nos complacemos pensando que ya hemos logrado los más extraordinarios proyectos y visiones, empeñándonos en evadir lo que hemos creado y lo que nos rodea. Actuamos como la famosa protagonista del viejo cuento de la lechera.

Era ella una niña muy audaz, muy despierta y ambiciosa que, al ver a su padre trabajar en la granja familiar y conseguir resultados maravillosos mediante su esfuerzo, creía que con poco empeño también ella sería capaz de grandes realizaciones. Solía soñar: "mi padre me dará un cántaro de leche, iré a venderlo al pueblo y con lo que obtenga compraré unos huevos, los haré empollar y ya luego tendré muchos pollitos, gallinas y gallos..."

La realidad es que obtuvo el cántaro de leche, pero camino al pueblo, perdida en su fantasía, tropezó con una piedra, se cayó y el cántaro de leche se derramó. Éste es un ejemplo cabal de lo que es la fantasía. Cuando te fugas de tu realidad, de tu responsabilidad y crees que hallarás gente maravillosa que resolverá tus problemas, cuando insistes en encontrar soluciones irreales –como encontrarte con Merlín, que te dará un secreto filosófico-alquímico para ser eternamente joven– estás tan preso en tus ensoñaciones que dilapidas tu potencia y tu energía, en un campo mental sin dirección, que anula tu capacidad creativa.

Por el contrario, imaginar es canalizar la energía mental en una dirección elegida claramente; es pensar atenta y claramente en cada uno de los pasos que te harán llegar al objetivo, integrando el deseo, el sentimiento y la acción. Si nuestra protagonista no se hubiera distraído, atraída por la fácil satisfacción de la fantasía, habría logrado su empresa.

Si eres capaz de captar esta diferencia entre fantasía e imaginación, tienes un poder que siempre han buscado brujos, magos, místicos, científicos, empresarios, esposas, maridos, hijos y padres: conformar tu vida a la medida de tu voluntad. De acuerdo con las más sabias enseñanzas, la paciencia, la determinacion y la continua atención permiten al buscador desarrollar esta fuerza hasta límites casi inimaginables.

Desarrolla, pues, tu capacidad de imaginación, que no te pesará. Construye con paciencia y confianza las imágenes con las que alimentes tu mente. Recuerda que a partir de ella se construye tu realidad, tu éxito o tu fracaso.

Concentración

La concentración resulta de estar plenamente conscientes y entregados a una determinada experiencia. De la misma manera que los cauces de los ríos absorben y orientan las aguas dándoles cohesión y fuerza, nuestra atención orientada con intensidad a algún objeto, imagen o experiencia logra encauzar nuestra energía mental intensificándola.

Si somos el resultado de lo que pensamos y las imágenes logran manifestarse con una fuerza proporcional a la energía que les dedicamos, lograr concentrarla deliberadamente nos otorga una gran libertad, un gran poder.

Para desarrollar la concentración no necesitamos de nada extraordinario o fuera de nuestro alcance; necesitamos acostumbrarnos a estar presentes en lo que estamos y no en otra cosa. Por ejemplo: cuando comemos, hay que comer; cuando nos bañamos, bañarnos; cuando hablamos, hay que hablar; cuando escuchamos, escuchar; cuando acariciamos, acariciar; cuando limpiamos, limpiar; y cuando meditamos, meditar.

Es decir que debemos orientar todo nuestro ser hacia el acto que realizamos en cada momento, imprimiendo toda la energía de que somos capaces en ello. Disfrutemos mucho más de todas las experiencias de la vida y aprendamos a relacionar y conectar verdaderamente nuestro interior con lo que cada instante nos ofrece. Día a día, y sin extravagancias, veremos crecer el dominio de nuestra conciencia y energía mental.

Si es de tu gusto, puedes también desarrollarla dedicando un tiempo todos los días a alguna actividad de tu preferencia, como escuchar música, leer, practicar técnicas de relajación, con la condición de estar plenamente atento a ello y sin ninguna distracción.

Aprender a estar concentrado nos permite apreciarnos y apreciar a los otros con profundidad; nos permite establecer contactos mentales, emocionales y corporales de real intensidad. Como verás, hay una relación directa entre la capacidad de estar atentos y ser conscientes y la capacidad de amar.

Evaluación constante

Ya sabes elegir, tienes claro lo que quieres, dedicas a ello energía y desarrollas tu capacidad de imaginación para que esa energía se proyecte con fuerza, con realismo en tu cotidianidad, pero además, otro paso fundamental es estar atento constantemente a este proceso, cuidando que los conflictos o las dificultades que se te presenten no te hagan cambiar de elección ni perder la confianza.

Se trata de que, una vez que hayas definido tus objetivos, permanezcas constantemente imaginando, constantemente reeligiéndote y así sucesivamente. Esto lo podríamos llamar evaluación constante.

Tienes, insisto, que evaluar constantemente. No se puede ser auténtico con uno mismo ni reconocer el mundo y sus leyes solamente por unos momentos y pretender que con eso ya se hizo todo. Sabes que el sol sale todos los días, que todos los días respiras, todos los días te bañas, comes y hablas. ¿Y no hay que imaginar todos los días, elegir todos los días, preservar todos los días, evaluar todos los días? Pues sí.

Nuestra vida se construye momento a momento y en cada uno de ellos manifestamos lo que somos; si no logramos una continuidad en nuestros pensamientos y elecciones, nuestra realidad será discontinua y confusa.

Debemos ser como el sol, confiables, vivir de cualidades y valores permanentes. Los ciclos y conflictos propios de la vida pueden confundirte ocasionalmente, e incluso hacerte olvidar quién eres y lo que realmente quieres. Es por eso tan importante la autoevaluación, atender tu realidad. Considerar hacia dónde vas te permite reordenar el rumbo y alegrarte por lo ya transitado, por lo ya realizado.

Todos los grandes hombres que admiramos universalmente han vivido de acuerdo con esto. Hablemos de Mahatma Gandhi o de la Madre Teresa. ¿Habrán tenido éxito siendo tan pobres? Naturalmente que sí, y también Beethoven, Chopin, Edison, Leonardo de Vinci, Miguel Ángel, Pitágoras, Platón, Epicteto. Ellos lograron realizar una obra permanente, una obra consecuente con sus propios valores y que ha tenido coherencia a lo largo de la historia.

Analizando las vidas de todos ellos podemos comprender a fondo todo lo que hemos dicho hasta el momento. Ellos tenían la capacidad de proyectar mentalmente imágenes claras sobre lo que querían y lo plasmaron; así, canalizaron su energía en direcciones definidas. Podríamos decir que inclusive los hombres de éxitos parciales, pues los tienen sólo en algún aspecto de la vida, como Onassis o Rockefeller, los tienen porque imaginan lo que desean y entregan toda su energía a ello, perseverando, reeligiéndose constantemente en sus objetivos.

Algo que he aprendido de mis maestros, y que me parece valiosísimo, es que elegir a conciencia un objetivo y llevarlo a la práctica nos enriquece, no sólo por su logro, sino por la transformación que se opera en nosotros como consecuencia del manejo consciente de la energía.

Aceptemos que nuestra vida está en constante movimiento y desarrollo. No debemos caer en la tentación de pensar o decir: "ya la hice, ya llegué" pues en ese momento quedaríamos anclados en la inercia, ese gran verdugo del amor y de la vida. Debemos estar dispuestos a tener una actitud consciente y generosa en cada uno de los momentos de nuestra vida, hasta el último minuto.

Si podemos llevar todo esto a la práctica, habremos encontrado el modo de amarnos a nosotros mismos, a los otros y a la vida toda. Habremos alcanzado el éxito.

- El éxito está relacionado con el logro eficaz y adecuado de los objetivos; es la realización de cada uno de nosotros en la vida.

- Somos el resultado de lo que pensamos.

- Todo el que existe en el mundo existe por la fuerza de las imágenes mentales.

- Triunfar significa reconocer que el éxito humano es el resultado de la acción que proviene de la ley interior.

- Inteligencia es elegir lo bueno para nosotros, lo que nos hace felices.

- El peor fracaso sería no reconocernos como humanos, no dinamizarnos, no crecer.

- El verdadero éxito es acostarte deseando que los sueños te hablen; despertarte deseando que los sucesos cotidianos te enseñen; estar de acuerdo contigo mismo; aceptar tus limitaciones; desarrollar tus capacidades, de acuerdo con objetivos positivos para ti y para los demás y elegidos por ti.

La comunicación

El lenguaje es la imagen del alma...

Séneca

La maravilla del universo en que vivimos, su belleza, su luz, su energía, es el resultado de la interacción de los seres que lo conformamos. La continua comunicación activa entre los reinos de la naturaleza permite la vida y el amor. También para los humanos el amor resulta de una comunicación rica y profunda que dinamiza nuestra vida.

Estamos acostumbrados a suponer que los medios de difusión característicos de nuestro siglo (televisión, radio, cine, revistas, periódicos, teléfono), nos hacen privilegiados en términos de comunicación; sin embargo, paradójicamente, estamos más aislados que nunca, pues aunque es cierto que conocemos casi al instante lo que sucede en el planeta, ese conocimiento es superficial y por lo general caótico, por lo que, mientras nos llenamos de datos, frases y sucesos sin significado real, ignoramos todo o casi todo de quienes tenemos cerca y aun de nosotros mismos.

Así pues, no es cierto que vivamos el siglo de la comunicación. Es más, tenemos todavía que aprender los elementos más simples al respecto, como la diferencia entre comunicar e informar, la importancia de los mensajes no verbales y de las grandes barreras como el prejuicio y los supuestos, así como la actitud necesaria para lograr establecer una verdadera comunicación.

Diferencia entre comunicación e información

Es muy frecuente que las personas hablen por largo rato sin que se comuniquen en lo absoluto. ¿Por qué? Porque confundimos comunicar con informar. Estamos acostumbrados a manifestarnos irreflexivamente sin esperar respuestas, sólo informando, generando con ello verdaderos diálogos de sordos. Hablamos sin decir realmente lo que queremos que el otro sepa y, de la misma forma, ignoramos lo que los otros quieren decirnos. Basta con analizar cualquier conversación para observar esto.

La comunicación es un acto en el que dos o más seres participan y transmiten pensamientos, sentimientos, percepciones, necesidades. Esto se logra sólo si quienes intervienen en ella están atentos a los mensajes del interlocutor.

Una buena comunicación requiere de la interacción entre un buen emisor y un buen receptor, y se realiza sólo cuando éstos se unifican en la comprensión de lo transmitido, cerrando así un círculo de emisión-recepción, es decir, cuando quien recibe la información a su vez emite una respuesta coherente. Pongamos un ejemplo, en el caso de un diálogo entre Pablo y María:

PABLO: ¡Estoy molesto!
MARÍA: ¡Qué hambre tengo!
PABLO: ¡Qué tarde tan pesada!

Aquí es evidente que Pablo y María no se comunican. Cada uno expresa necesidades o experiencias propias, sin ningún interés por el otro. Igual valdría que hablaran solos. Por eso, a la mayoría nos resulta tan difícil conocer personas o estar en situaciones nuevas; porque no sabemos cómo estar ni qué decir y terminamos diciendo las mismas tonterías (que de antemano sabemos que lo son y el que las escucha también lo sabe), oyendo respuestas tontas y sintiéndonos con ello, paulatinamente, cada vez más solos e incomprendidos; y culpamos al mundo: "¿oh, por qué no me aman?", "¿qué sucede?", "¿qué tengo que estoy tan triste y solo?" Y no conformes con ello, solemos autoengañarnos, diciendo: "¡Bueno, lo que sucede es que... ¡así es la vida!"

Niveles de comunicación

Hay un hecho que no debes pasar por alto y es que cuando te comunicas, no lo haces solamente mediante el lenguaje oral, sino que también te comunicas con base en tu nivel de energía (que va más allá de lo físico).

Transmites tus estados emocionales mediante los gestos del rostro, de las manos, mediante la ropa que vistes, la intensidad de tu mirada, la posición de los ojos, tu pulcritud, tu aroma, el tono de tu voz. Esto es ineludible, por más que quieras ocultar tu estado de ánimo, aunque aparentemente controles la inflexión de la voz y tu cuerpo. Como un gran actor, expresas inconscientemente lo que llevas dentro, lo que eres.

Si tu natural disposición interior es negativa frente al mundo, está llena de ansiedad y miedo, si tus pensamientos son negativos, pesimistas, desconfiados, no puedes esperar grandes encuentros, pues de antemano estás poniendo una gran barrera que, de forma inmediata, reconocerán quienes te rodean, cuando menos intuitivamente.

Intracomunicación

Nos cuesta reconocer nuestras actitudes antagónicas y de rechazo hacia los demás. Solemos estar muy confundidos en cuanto a lo que sentimos, queremos y comunicamos, porque no tenemos una comunicación básica con nosotros mismos que nos permita manifestarnos de manera veraz y clara.

Cuando no te comunicas contigo mismo, vives en una rutina marcada por cien mil prejuicios. Un buen día puedes encontrarte a los 25, o a los 42 años de edad, preguntándote: "¡...todo lo que he hecho!, ¿por qué lo he hecho?, ¿realmente me interesaba?, ¿qué es lo que en el fondo me gustaría hacer?" Si te ganaras un premio de cien o mil millones de pesos, ¿qué harías con ellos? actuarías por rutina: te comprarías un automóvil, mucha ropa, una gran residencia y te sentirías como mosco en un barco.

¿Por qué sucede esto...? Sencillamente porque no tienes intracomunicación. Si no puedes determinar por qué eliges estar donde estás y con quién estás, lo que haces o quieres hacer, es claro que no vas a poder comunicarlo. En resumen, es fundamental que hables claramente contigo mismo y que cuando te relaciones con los demás, lo hagas con sinceridad y conciencia.

No podemos ignorar que para vivir necesitamos de los otros, nos desarrollamos en una constante interacción con nuestro entorno, y si nuestras relaciones son frías o superficiales es por desatención, por dispersión de nuestro interior.

¿Cuántas veces, buscando afecto, comprensión, compañía, te reúnes con tus amistades y acabas asistiendo a un espectáculo de calidad deplorable, apretujándote entre la gente, comiendo insalubremente, admirando a un actor o a una actriz que te hace reír y luego... cada uno se va a su casa? Realmente, ¿es lo que querías? ¿Te has llenado el alma de satisfacción? ¿Te has comunicado con tus amigos?

Debemos desarrollar la capacidad de ver hacia adentro y hacia afuera para distinguir lo que damos y recibimos, el momento, el modo, el lugar y la intención. La comunicación es vida, es energía. En cada uno de los momentos de nuestra vida, elegimos crecer y amar o destruir y separarnos.

El buen emisor y el buen receptor en la comunicación creativa

Cuando por medio de una sincera y atenta comunicación con nosotros mismos decidamos contactar a los demás, debemos tener en cuenta las condiciones adecuadas para la intercomunicación, que tienen que ver con el desarrollo y la madurez personal.

Si no podemos trascender nuestros miedos, tensiones y prejuicios, nuestras comunicaciones estarán contaminadas desde el principio. Entonces tenderemos a defendernos de antemano, a no considerar suficientemente al otro: a no escuchar.

La confianza y la consideración son una base que nos permite integrarnos, unirnos a los otros, interesarnos y enriquecernos, retroalimentarnos. Deben estar siempre presentes.

Si te preguntas: "¿qué sucede si me convierto en un buen comunicador y no encuentro buenos receptores?", la respuesta es que cuando te conviertes en un buen comunicador, estás en posibilidad de transformar al que escucha. ¿Por qué?... Volvamos al ejemplo del diálogo entre Pablo y María e imaginemos que eres tú quien llega esta vez a casa y dice: "¡que mala tarde!" Si eres buen comunicador, dirás: "¡hola, María!", es decir que no señalarás solamente "¡mala tarde!" sin dirigirte antes con estimación a tu interlocutor, llamándolo por su nombre, y favoreciendo de esta manera la comunicación directa.

Si dices: "he tenido una tarde fatal", y además añades: "me encantaría que ahora mismo me dieras un abrazo y me hicieras un café", tu interlocutor —estarás de acuerdo conmigo— va tener muchas más posibilidades de comprenderte.

Vamos a suponer que de todos modos el otro es muy mal receptor porque está centrado en su propia problemática, sin interés real en ti, por lo tanto, simplemente no escucha, mientras expresas "...esta tarde me ha ido...", el mal receptor seguramente contestará algo como: "¿sí?, ah, bueno... no te preocupes... sí, ahorita...", pero de manera automática, por lo que su nivel de respuesta es muy bajo, ya que no ha escuchado con atención.

Si al decodificar el mensaje está con el prejuicio de "¡ya llegó, siempre es igual!", entonces no le parecerá importante darte el abrazo y hacer el café, porque considera que siempre es igual; después del "ahorita", puede pasar una hora o dos, sin que acontezca nada y evidentemente, la comunicación se rompe.

Pero si a ti te preocupa resolver el problema de comunicación y sabes que las personas escuchan de manera incorrecta no por maldad o porque quieran, sino que comprendes que es por falta de atención, dirás: "oye, María, en verdad, no pienses que es como en otras ocasiones, anda ven... a ver, abre tus brazos..." y ya está; claro, esto requiere un poco más de esfuerzo, pero así posibilitas que el receptor rompa el prejuicio y el automatismo, al tiempo que le das una oportunidad para su propia transformación y el real encuentro.

Podrás decir: "¡es duro lo que tengo que hacer!" y sin embargo, no es así. Sólo es necesario que consideres la optimación de tu capacidad de atención, discernimiento, entrega, afecto y consideración para con los otros. Tus experiencias serán más ricas día a día y te divertirás muchísimo descubriendo tu talento escondido.

No significa que no vaya a haber conflictos en tu vida. No, porque la vida real es conflicto; es decir, que la vida te prueba constantemente con ellos. Nuestro mundo es dual, su dinamismo surge precisamente del choque entre fuerzas opuestas (lo que los antiguos llamaban lo femenino y lo masculino). Es el amor, o la total comunicación, la puerta que posibilita unir estos opuestos e integrarlos, superando las aparentes oposiciones. No pierdas de vista que los conflictos son una cuestión natural, ¡siempre los habrá! El asunto es resolverlos, crecer a pesar de ellos.

En el fondo, una mala comunicación es resultado de la falta de interés por los otros, de una posición radical, de una actitud conflictiva. Al mal emisor o receptor no le importa el otro, se interesa sólo en sí mismo, en su hambre, su enojo, su dinero, su ansiedad. Es un ser en extremo egoísta.

Todos, en cierta medida, padecemos de eso, no porque seamos esencialmente malas personas, sino porque hemos sido educados en un mundo que fomenta la separación, sin decirnos cómo nos podemos unir a los demás de manera consciente, y a esto se añade los miedos, las inercias, los factores negativos que arrastramos por falta de autoestima y seguridad.

Ahora que somos adultos y entendemos la tremenda importancia de la adecuada comunicación para la felicidad y el amor, para darle significado a nuestros pensamientos, valores, necesidades, para la solución de los conflictos, debemos poner en juego todo nuestro entusiasmo sin escatimar ningún esfuerzo, venciendo el automatismo de nuestra cultura.

Los acumulados, los malos entendidos, las tensiones, los prejuicios

En nuestras relaciones permanentes, la comunicación se entorpece con dificultades añadidas, como malos entendidos y tensiones no resueltas en el momento adecuado.

Pongamos un ejemplo: pensemos en una mujer casada; un día cualquiera fue de compras, estuvo una hora haciendo fila en las cajas del supermecado, salió del establecimiento, se encontró con que una manifestación le cerraba el camino a casa, para colmo se quedó sin dinero, ya que por el nerviosismo de la situación perdió la cartera, y encima los niños rompieron un plato de la vajilla que le regaló su madre el día de su boda.

Entonces, esperó al marido para desahogar su tensión, no para amarlo. Pero ella creyó que lo hacía para quererlo mucho y para sentirse amada. Entonces el hombre no llegó, esa tarde se fue a comer con los amigos del trabajo y en la noche, cuando cruzó la puerta, ¿qué podemos pensar que haya sucedido? Ella le dijo: "¡es la última vez...!" o "¡siempre tú y tus amigotes...!" o no dijo nada, sólo puso unos ojos de *mírame y no me toques*.

Pudo tener muchas reacciones, pero lo más difícil de suponer es que haya dicho: "no sabes qué difícil ha sido el día para mí, tenía unas ganas de verte... no sé muy bien ni para qué, pero tengo ganas de decirte todo lo que me ha pasado y necesito que me escuches..." ¿Verdad que es difícil que suceda esto? ¿Y qué con el marido? Pudo decir: "¿qué, no estás contenta? pues, si no lo estás, a ver cómo te las arreglas... ¿eh?, porque ¡yo trabajo!... ¿Otra vez con tus histerias?"

Todo esto, una vez que sucede, genera un problema añadido no sólo entre los esposos, sino en general; como no se ha podido comunicar verdaderamente la emoción, el sentimiento, queda una energía reprimida en forma de desengaño, de desamor.

Pueden pasar días, semanas, meses y hasta años en los que aparentemente hay buena comunicación, porque las personas se levantan, se hablan, comen, cenan y hasta duermen en la misma cama —aseguraría yo que, desde luego, abrazados no—, haciendo divisiones del espacio, del pensamiento, de la emoción, de los objetivos de la vida; y me refiero no a parejas solamente, sino a amigos, padres, hijos, a todas las personas con quienes nos podemos relacionar.

Con todo ello provocamos, cada vez, que nos convirtamos en peores comunicadores, encerrándonos en un círculo chiquito en el que la comunicación que tenemos sea con la televisión, o sea, ¡ninguna!, porque de la televisión podemos recibir mensajes, pero no transmitirle lo que sentimos con ella. Y así, acabamos convirtiéndonos en receptores absolutamente pasivos, dejando que la vida pase y pase, sin disfrutarla.

Una de las barreras más grandes para la comunicación creativa es la acumulación de pequeños problemas o diferencias que, no resueltos en su momento, generan distancias y abismos muy difíciles de superar. Por eso hay que tener en cuenta que cuando pretendemos mantener relaciones duraderas en las que se fomente el amor, los desacuerdos o conflictos que inevitablemente se presentan hay que resolverlos con buena disposición en su momento, es decir, dándonos opción a vivir en cada oportunidad una relación limpia y espontánea, sin entorpecedoras e inútiles cargas de problemas pasados.

Es muy importante resolver, uno a uno, los pequeños o grandes desacuerdos y conflictos que se presentan inevitablemente en toda relación humana, en el momento en que ocurren. Acumular malos entendidos agiganta las distancias e incomprensiones.

Cuando por nuestra tensión, por rencores acumulados, por suponer en forma prejuiciosa cómo va a reaccionar el otro, nos comunicamos sin confianza y cariño, no podemos vivir la magia del encuentro y el afecto que surgen de una adecuada comunicación.

Finalidad de la comunicación

La comunicación tiene como principal finalidad permitir el encuentro de lo separado, de lo distinto. Generar la unión, la integración de los opuestos, el amor. Por eso es que nos enriquece tanto.

Estar abiertos a nuevas experiencias y dispuestos a la comunicación con todos los demás hace que aprendamos mucho; de hecho, los más grandes dolores que ha padecido la humanidad surgen de la ignorancia del porqué de lo diferente. Si no nos damos la oportunidad del contacto con el pretexto de que los otros comprenden a Dios, a las costumbres, de otro modo, nuestra experiencia de amor va a ser muy reducida.

La intolerancia nos perjudica a todos. Por el contrario, disponernos abiertamente a conocer otros modos de pensar, de sentir, de percibir el mundo, nos hace más grandes día a día. Nos lleva a esa fundamental comprensión para amar y ser amados, y es que la humanidad es una, sin importar que unos seamos blancos y otros negros, unos ricos y otros pobres, hombres o mujeres. Leyes que rigen la vida lo hacen de la misma manera para todos; las diferencias son sólo de forma, no de fondo.

No debemos pensar que hablar con quienes profesan otra religión nos va hacer perder nuestra fe, o que aceptar que los otros tienen puntos de vista interesantes merma nuestra capacidad, porque cuando entendemos al otro, nos entendemos más a nosotros; cuando valoramos la fe en el otro, se hace más grande la nuestra.

La comunicación nos conduce comprender la vida, de todo lo que existe; pero, sobre todo, de nosotros mismos.

Pautas para lograr una buena comunicación

Ahora ya sabes que un emisor tiene que saber cómo transmitir su mensaje y un receptor cómo escucharlo; recordemos que eso dependerá del discernimiento, de la atención y de la entrega. Supongamos que ya sabes lo que quieres, lo que esperas de cada momento de tu vida y de cada persona con la que convives. Ahora debes cuidar varios pasos muy importantes:

- ☛ ¿Que quieres comunicar?
- ☛ ¿Para que lo quieres comunicar?

- ¿Cómo lo vas a comunicar?
- ¿Cuándo lo vas a comunicar?

Esto suscita una variedad de situaciones en el acto de comunicar, entre otras, el fenómeno de la manipulación, de la objetividad, de la persuasión, del enriquecimiento. Comentemos algunos.

¿Para qué comunicar?

Lo más importante en el acto de la comunicación es la finalidad, lo que buscamos con ella. Si sabemos bien el porqué y el para qué, buscaremos la claridad y el modo más efectivo de lograrla; nos esforzaremos en la actitud más adecuada y todo ello nos conducirá a buen término.

Reconocer y hacernos responsables de nuestra motivación al comunicarnos, resuelve las innecesarias barreras del automatismo, la inconciencia, la confusión. Nos permite medir nuestras expectativas razonables.

Con frecuencia, en vez de comunicarnos, lo que hacemos es manipular, chantajear, agredir, imponer. Cuando nuestras motivaciones no son limpias ni pretenden llegar al contacto, sino simplemente son cumplimiento de nuestros caprichos, debemos reconocer el impulso agresivo que nos mueve y no hacernos las víctimas de las lógicas respuestas que vamos a obtener y que, por lo tanto, van a ser también agresivas.

Es lícito buscar, convencer, persuadir, compartir... pero siempre considerando la libertad y la voluntad del otro. Al comunicarnos buscamos apoyo, afecto, comprensión, reconocimiento, y eso está bien cuando nuestros planteamientos son honestos.

¿Qué comunicar?

Por falta de atención, solemos expresarnos muy confusamente, pretendiendo que los demás adivinen y entiendan lo que les queremos decir, no por lo que decimos, sino como por arte de magia. De nuevo estamos olvidando al otro y su necesidad.

La cortesía, como forma de amor y consideración, puede ayudarnos mucho, pues nos hace ver que para entendernos, los otros seres necesitan que nos tomemos la molestia de decir con claridad lo que queremos y no otra cosa. Ejemplo: si lo que queremos es un abrazo, no pedirlo agrediendo al otro con frases como: "¿ya no me quieres?..." Si queremos que perdonen un error nuestro, no decir: "¡no me entiendes, siempre piensas mal de mí!" Lo adecuado es comunicar con claridad: "tengo ganas de que me abraces" o "¿me puedes dar un abrazo?", o en el segundo caso: "¡perdóname!, no tuve mala intención" o "es muy importante para mí que me perdones".

Repito: hay que tener muy claro lo que queremos decir y buscar la máxima nitidez en nuestra expresión.

¿Cuándo comunicarlo?

La oportunidad es asunto muy importante también, pues considerando que todos tenemos nuestros propios problemas, abordar a los otros cuando están muy preocupados o tensos es propiciar de antemano el conflicto. Si pretendemos tratar asuntos muy especiales cuando los otros no pueden ofrecernos su atención, de antemano fracasaremos.

Los típicos ejemplos: la esposa quiere comentar con su marido la adecuada educación de los hijos, cuando éste se está afeitando con obvias señales de estrés porque teme llegar tarde a una cita de trabajo; o el empleado que busca convencer a su jefe de que merece un ascenso y lo acorrala cuando éste sale apresurado.

Si ya tenemos claro que en la comunicación participan dos o más, hay que buscar el momento y el lugar en los que haya real disposición para el encuentro.

¿Cómo comunicarlo?

Hemos perdido y necesitamos renovar la cortesía en la comunicación, lo que implica, adicionalmente al interés de comunicarnos, buscar el desarrollo de todos los que entran en contacto con nosotros. La cortesía es vivir en un respeto constante por los otros, sin agredirlos, provocando en ellos la sensación de autoestima, valoración y afecto. Una de las manifestaciones de la cortesía es la aceptación de los diferentes roles y valores.

Por ejemplo: la mujer. En el momento en que no tenemos la cortesía de dejar que el otro exprese su ser, lo que hacemos es negarlo, empobrecerlo, limitarlo y, a la vez, a nosotros mismos.

Es importante que respetes la oportunidad de crecer que te da el hecho de interactuar con los demás y con la naturaleza; de ahí que tu cortesía debe ir más allá de las personas, debemos practicarla con los animales, las plantas, con los vegetales, con los minerales... Significa que no llegues a un jardín y lo pises, significa que no destruyas lo que está a tu alrededor.

En el ámbito de los seres humanos, asumimos la cortesía cuando tenemos conciencia del otro y nuestros sentimientos son genuinos y generosos para con los demás.

Otro aspecto importante de la comunicación es la veracidad; nuestras relaciones deben ser sinceras, auténticas y debe primar en ellas la verdad, considerando desde luego que cada cual tiene su subjetividad.

Reflexiona hasta qué punto estás seguro de que lo que expresas es la verdad, aunque no es necesario llegar al análisis filosófico. Puesto que vivimos en un mundo relativo, en el que cada quien de acuerdo con su propia diferencia evolutiva capta una manera de verdad, de lo que se trata es de que, al comunicarte, respondas a tu propia situación, es decir, a la verdad interior que captas, aunque esa verdad dentro de diez años pueda ser distinta.

En cada momento tienes que mostrarte de acuerdo con tu propia verdad, buscándola. Decía Sidharta Gautama, el Buda, que una de las maneras de liberarse del dolor, y de encontrar la sabiduría y la felicidad, es tener rectas intenciones y rectas opiniones, respaldadas con rectas acciones. No es que en este momento digas: "¡ésta es mi verdad!" y la pregones a los cuatro vientos sin que esté del todo respaldada por tus acciones; es decir, que no vivas esa verdad. Se trata, en cambio, de ser lo más objetivo que puedas, de que te entregues a la acción de tu verdad, lo más generosamente posible, para que de acuerdo con ello te expreses de manera congruente.

Es de vital importancia que hables con veracidad, y esto no significa que tengas la verdad del mundo y que llegues a la máxima sabiduría; no, pero sí que en cada momento tu experiencia, tu posición en el mundo, tu visión se torne lo más objetiva y profunda, y ésta es la que hay que expresar. Dicho de una manera más sencilla, no te permitas mentir jamás, ni a ti mismo ni a los demás.

Pon atención, porque esto que acabas de leer es en extremo importante: la mayoría de la gente respondería: "¡puf, pues bonito paquetito... esto no es posible!" Pero sí lo es o, por lo menos, lo es en gran medida. Cuando te acostumbres a buscar la verdad en el fondo de ti mismo, aunque aparentemente sea incómodo, aunque en apariencia los resultados sean menos positivos, en realidad tu vida se transformará y logrará la posible comunicación.

En la búsqueda de la verdad rompes el automatismo, rompes el prejuicio, rompes la tendencia a la manipulación, al chantaje, a la extorsión, al autoritarismo. Seguramente muchísimas veces te verás tentado a mentir; sin embargo, esfuérzate en emitir la verdad, en recibir la verdad, aunque cueste. La verdad es desnudarse ante sí mismo y buscar lo que permanece, lo que es auténtico.

No hay corazón humano que rechace lo que está dicho con amor y veracidad. Si queremos tener intimidad, contacto profundo con los otros, amor, tenemos que hacernos responsables de lo que decimos, de cómo lo decimos, por qué y para qué lo decimos, la actitud con la que buscamos a los demás para compartir −si es generosa o egoísta, consciente o automática. Debemos reconocer que muchas veces, sin querer, nuestro cuerpo grita lo que nuestra boca calla.

Por más que queramos engañar o engañarnos, lo objetivo es lo que decimos consciente o inconcientemente. Es lo que posibilita que nuestras condiciones sean constructivas o destructivas.

La comunicación creativa

Amar y ser amados, éste es el punto, eso es lo que buscamos. La comunicación viva y consciente es la gran avenida por la que corren los frutos de la felicidad y nadie nos impide caminar en ella; lo único que tenemos que hacer es tratar de estar más atentos, de ser más sinceros y generosos, reconociendo siempre que en el otro están las respuestas de los secretos de nuestro propio corazón.

Es cierto, tenemos que esforzarnos y con esta actitud se alegra tanto la vida, se hace tan plena, que merece la pena intentarlo.

- *La* falta de comunicación nos impide conocer
a las personas, las situaciones y las experiencias.

- *No* te comunicas bien hacia afuera,
porque no te comunicas bien contigo mismo.

- *En* la medida en que aprendes a comunicarte,
aprendes a ser buen receptor.

- *La* comunicación es un ejercicio constante
de autoconocimiento.

- *Es* más importante escuchar que hablar.

- *La* comunicación es un flujo de vida
y siempre enriquece.

- *Cuando* alguien no confía en sí mismo
no puede confiar en nadie más.

Pareja ideal

*Para elegir una relación de amor,
tenemos que identificar primero
el amor en nosotros mismos.*

Desde que naces, conoces que da mucho placer y felicidad estar estrechamente ligado a otro ser humano, ser comprendido y estar compenetrado. Al crecer, adviertes que esta comunicación tan estrecha ya no es posible con tu propia familia, especialmente en tu intimidad corporal, en tus planes particulares e individuales, y aprendes también que para satisfacer todo esto lo ideal es la pareja. Inmediatamente sientes la necesidad de encontrarla.

Cuando aparece una persona de otro sexo y más o menos tu misma edad, dices: "éste es". Sueles ir a fiestas, cines, excursiones y cuando alguien te provoca cosquillas en el estómago con sólo verle, te convences de que es el amor de tu vida. Además consideras que es una persona muy simpática (y es que en los primeros días, todos somos simpáticos) y como reconoce tus cualidades piensas: "¡es inteligente, se da cuenta de cuánto valgo...!" y empiezas a autoengañarte, ves las supuestas virtudes, los supuestos parabienes de esa persona con la que vas a vivir a lo largo de tu vida. Por supuesto, le otorgas una categoría diferente de la del resto de la gente que conoces, es decir, si tienes conflictos con tu hermano, vecino o conocido es normal, pero con este nuevo ser, ¿conflictos?... ninguno, ¡todo se resuelve!

Además, la vida es difícil, hay que levantarse y vivir todos los días, y si se quiere vivir más, hay que hacerlo conscientemente, pues resulta pesado vivir solo; por ello tienes el secreto interés de que esta otra persona venga a resolver tus conflictos y a facilitarte la vida. Por ejemplo, si tienes temor de salir adelante económicamente, supones que la pareja que has escogido va a ganar bien en el futuro y lo compartirá todo contigo.

Vives con la fantasía de que la persona en cuestión —la pareja ideal— resolverá todos tus problemas. Y ¿quién se negará a aceptar algo así?... Si de golpe encontramos a un ser perfecto, maravilloso, simpático, cariñoso, divertido, práctico, organizado y sabio, ¿quién diría "esto yo no lo quiero?" ¡Nadie...! Entonces decimos sí, para siempre y profundamente, y luego viene el matrimonio. Sin embargo, mientras las invitaciones de boda, el vestido de novia y el pastel están listos, principian las dudas. El inconsciente empieza a molestar con "oye, ¿no me estaré equivocando?", pero para entonces ¡ya se repartieron las invitaciones!, por lo que aseguramos que es nuestra pareja ideal. Claro, esto dura, dependiendo de nuestra habilidad de autoengaño, de cinco horas a cinco semanas y ya después lo ideal se convierte en fastidio.

Seguramente has visto cómo las parejas cambian repentinamente de criterio respecto a su ser amado: si inicialmente lo consideran de formas muy suaves y estilos refinados en su manera de ser, al rato se convierte en un objeto aburrido, que no articula más que tres palabras al día, o si lo que les había apasionado era su *sexappeal*, su conversación y sus maneras, al rato es un descocado, un libertino o una mujer sin criterio; en fin, todo lo que les parecía maravilloso se convierte en lo peor. Y nos podemos pasar la vida al lado de alguien que francamente no nos mueve el alma.

¿Por qué? Por muchas razones. En principio, porque piensas que encontrar a la pareja ideal es cuestión de suerte, por medio de Cupido, sin considerar que a Cupido tienes que ayudarle porque ¡es ciego! Porque piensas que el amor llega y que, si tienes suerte, funciona, pero si no la tienes, debes cargar la cruz.

No hay experiencia más triste, más frustrante y tan poco alentadora que vivir al lado de una persona con la que no te une un verdadero amor y con la que no te reúne lo que debe reunir a las parejas.

Necesidad de elegir a la pareja

Hay un falso concepto de lo que debe ser la pareja ideal y de cómo llegar a formarla. Seguramente, para comprar una propiedad o un automóvil, para elegir un empleado en la empresa, hacemos miles de investigaciones, cálculos, evaluamos pros y contras. Sin embargo, para elegir a la pareja ideal, no lo hacemos.

Son escasas las personas que se toman la libertad y el derecho de elegir a la pareja. Normalmente estamos atrapados por la necesidad de compañía...

La cuestión de vivir en pareja es un asunto consciente, no de suerte. Pongamos el ejemplo de una casa: puedes vivir en cualquier lugar con techo y dentro de las muchas opciones, puedes elegir una casa más bonita, más barata, más estética, con mayor espacio. Esto mismo lo puedes hacer a la hora de elegir a un ser humano: vas a elegirlo con las características que te sean más agradables, que te den paz y alegría, que sean más confiables, pero, además de todas estás condiciones, necesitas que la pareja quiera en verdad el compromiso. Muchas veces es uno el que quiere y el otro el que se deja llevar y después de cinco años dice: "cuando te dije que sí, en realidad no me di cuenta de si quería o no". Cuando las decisiones no se toman realmente con profundidad, esto es lo que sucede. Hay que pensar y elegirlo en verdad, conscientemente, para poder expresar después: "sí, contigo quiero vivir".

Lo que no es amor en la pareja

Desde la infancia, traes las alforjas del amor vacías, te pasas el tiempo en la búsqueda de amor que las llene y las embellezca. Transcurre la vida y comúnmente tus alforjas se van llenando, no de amor, sino de miedos... ¿De qué miedos? Miedo a no ser querido, a quedarte solo, a que como no tienes demasiados atributos, tampoco puedas exigir demasiado.

Esto te lleva a aceptar las falsas posibilidades como reales, a aceptar como posible compañero a cualquier persona, sintiéndote sin derecho a buscar algo mejor, a no pensar siquiera en una de las decisiones más importantes de tu vida.

No buscas un conocimiento del amor como discernimiento que te permita saber si esto si es amor o no lo es. Confundes el amor con vivencias desastrosas que son totalmente opuestas a él, pero que a fuerza de costumbre has considerado como tal; entre otras, confundes el amor con:

- El sexo
- La dependencia
- La obsesión

El amor no es sexo

Tu confusión del amor con el sexo ocurre cuando al estar con alguien, quien sea, se te excitan los genitales (y a través de ellos algo más) y creas una serie de imágenes y fantasías. Entonces piensas: "ahora sí ya encontré lo que buscaba... si no, ¿cómo respondería de esta manera tan especial?, hay tanta simpatía, tantas sensaciones". Así, tu objeto de atracción se convierte en la máxima maravilla como pareja.

Confundes el amor con el sexo, a tal punto que eres manipulado y acarreado en esta sociedad de consumo mediante el siguiente razonamiento: mucho sexo es igual a mucha aceptación, igual a mucho amor, y asumes que si tienes muchos contactos sexuales eres una persona muy amada; y ¡no es cierto!

El sexo puede convertirse en un insano deporte: con la secretaria, luego con la esposa, al rato con la vecina... si tú buscas la pareja ideal, éste no es el camino.

Es cierto que en la máxima intimidad con el otro ser humano, a través del contacto de los cuerpos y las caricias, podemos transmitirnos mucho amor, pero para esto es necesario que los cuerpos expresen sentimientos profundos y una entrega voluntaria que nacen en el corazón y en la mente, no en los genitales.

Por lo tanto, debemos tener claro que el amor humano nace en el alma, no en el cuerpo, y que el sexo no es garantía de amor. Es más, la superficialidad, la agresión, la premura y la frustración que tan comúnmente se presentan en los encuentros sexuales, son la expresión de esa falta de auténticos sentimientos amorosos.

El amor no es dependencia

Si tienes miedo a vivir solo, a enfrentar la vida, estás acostumbrado a pensar que no tienes las capacidades necesarias para resolver tus conflictos y crees que tener a una persona al lado que te los resuelva es amor; pero estás equivocado.

Con alarmante frecuencia las personas piensan que la vida es más fácil cuando la renta, el teléfono y la luz se pagan entre dos; que vivir en una misma casa, comer en la misma mesa y dormir en la misma cama es todo lo que se puede esperar de la relación entre dos seres, que eso es amor: totalmente falso.

Cuando buscas relaciones para ocultar tus propias carencias, para depender de las capacidades de otro, lo que logras es una forma de destrucción de ti mismo y provocas, a la larga, el desprecio del otro que, al aceptar esa situación, manifiesta los mismos motivos.

Si vas como víctima por la vida, lo único que encontrarás serán verdugos, nunca amor. Son muchas la situaciones en las que unos dependemos naturalmente de los otros, como el bebé de su madre, pero cuando de lo que hablamos es de una relación de pareja entre adultos, es la capacidad equilibrada y el justo intercambio entre ambos lo que posibilita el encuentro sano. Se decide estar juntos porque realmente se quiere. La admiración, el respeto y la entrega surgen de esa paridad y no de una necesidad enfermiza.

Cuando vivir con otro es el resultado de no tener la seguridad en nosotros mismos para tomar otra opción, vivimos una relación dependiente, basada en el odio y el desprecio a nosotros mismos. Es tan común ver a diario gente que comparte espacios y tiempos con profundo dolor y tristeza. De

Lidia Pérez

ahí no nace el amor. Si es tu caso, recuerda que primero hay que amarse a uno mismo.

Tampoco el amor es obsesión

Confundes el amor con la obsesión cuando conoces a alguien y a partir de ese momento no puedes pensar en nada más; comes y piensas en esa persona; vas al baño y piensas en esa persona. Dices: "¡qué amor, esto a mí no me había pasado!" Pues tampoco esto es amor, sino una forma de obnubilamiento mental, una obsesión que te hace sentir lleno de emoción y el resto del mundo desaparece. Es en realidad una forma de droga, un falso éxtasis en el que te sientes arrobado y en el cual quisieras permanecer eternamente. Es el estado de enamoramiento en el que supones realizados tus sueños para siempre.

No sería tan peligroso si durante estos períodos nos cuidásemos de tomar decisiones definitivas, compromisos de por vida. Generalmente no lo hacemos y, al contrario, nos dejamos llevar por las falsas expectativas y cuando más tarde, ya comprometidos, empezamos a recuperar nuestro discernimiento y la visión objetiva del mundo, nos sentimos engañados tornando en tristeza, desilusión y resentimiento toda la euforia que suponíamos gran amor.

Es un hecho que los seres humanos tendemos a enamorarnos y a disfrutar de ello. No tiene que ser necesariamente negativo, pues si somos conscientes podemos vivirlo sin caer en la trampa, sabiendo siempre que para que el enamoramiento se transforme en amor hay que poner en juego la voluntad, la elección consciente y la aceptación del otro y de nosotros mismos en lo real. Es decir, que podemos aprovechar el primer impulso de la gran atracción para construir una relación generosa, constructiva, realista, sin esperar que se dé sola y que este estado apasionado sea eterno.

Si neciamente insistimos en esperar que nuestras falsas expectativas se cumplan, nos sorprenderemos una y otra vez desilusionados, llenos de agresión, hiriendo a quienes en su momento adorábamos, pues no tardamos en hacer responsables a los demás de nuestros propios errores.

Tenemos que aprender que una cosa es lo que deseamos y otra la realidad. Si queremos lograr nuestros anhelos, tenemos que estar dispuestos a poner toda nuestra energía y esfuerzo en su realización. El amor nos da todo, pero también nos lo exige.

El amor no es manipulación

Hemos aprendido a usar la necesidad de afecto de quienes nos rodean para conseguir nuestros propósitos. Para manipular sólo tenemos que decir: "¿no me quieres?", inmediatamente el otro, a gusto o a disgusto, cumple nuestros deseos. Nosotros mismos hacemos muchas cosas sin plena voluntad o convencimiento, sólo por el temor de ser rechazados. Éste es uno de los juegos más comunes entre los seres humanos, con el que confundimos el amor.

Claramente, cuando usamos la necesidad de afecto para lograr nuestros fines, estamos alejándonos considerablemente del amor y no porque esto sea frecuente debe dejarnos sorprender.

El chantaje y la manipulación nos llevan a convertirnos en objetos de uso y las posibles experiencias amorosas se vuelven amortiguadores de nuestros miedos; a través de ellos no conseguimos nada más que grandes frustraciones, pues los demás no nos ofrecen un amor libre, realmente generoso, sino sólo obediencias temerosas que no enriquecen nuestra vida, dejándonos una gran sensación de vacío y desamor.

Cierto es que manipular a los demás haciéndolos sentir culpables y temerosos nos puede calmar nuestras propias ansiedades al conseguir caricias, atenciones, presencia, actitudes favorables... ¿Es eso lo que quieres? ¿Verdad que las caricias forzadas no te llenan el corazón?

Para vivir un auténtico amor debemos ser mucho más valientes, tanto como para atrevernos a ver las cosas como son, no como quisiéramos que fuesen y partir de ahí para tomar nuestras decisiones.

Nuestra pareja ideal

Son tantas las confusiones —ya hablamos de algunas de ellas— que si no estamos atentos nos va a pasar como a Diógenes, pero con una diferencia: el filósofo buscaba a un hombre con una linterna a la luz del día, él sabía qué buscaba y aun así no lo encontró: ahora, imagínate que salimos, con todo y linterna a la luz del día, a buscar el amor y no sabemos cómo es. Es evidente que no encontraremos nada, nos confundiremos.

Todo esto nos lleva a una interrogante fundamental: ¿cuál es la pareja ideal? No debe ser la misma para todos, porque la vivencia compartida y de largo alcance, de toda una vida, requiere para cada cual de un complemento y un equilibrio distinto. Así es que debes interrogarte a ti mismo qué es para ti importante en una persona con la que vas a vivir. Y entonces ponerte a escribir: "físicamente, ¿cómo me gustaría?" ¡Sí, ponte a escribir! Porque somos por lo menos

100 millones en México y en el mundo, debemos ser como 5500 millones y nacen todos los días 250 000 seres humanos; dime, entonces, si no hay de dónde elegir.

O sea, que no es cierto eso de que se te va a pasar el tren. El tren no se te va a pasar; hay millones de ellos. Continuando con nuestro tema, escribe: "me interesa que físicamente sea gordo, flaca, acinturada, de ojos claros, cojo, barrigón", es decir, cómo te gustaría.

Intenta ser sincero en tus respuestas: necesitas saber lo que te gusta, no lo que quieres aparentar; para esto, lo primero que debes hacer es tener la capacidad objetiva de verte a ti mismo, que sería tanto como decir: para elegir una relación de amor, tenemos que identificar primero el amor en nosotros mismos.

Debes tener la capacidad de reconocerte objetivamente y aceptarte tal como eres. No necesitas inventarte cualidades que no tienes, y tampoco negarte los defectos; debes saber quién eres objetivamente y qué es lo que realmente te hace feliz.

Continuamos; emocionalmente, ¿cómo te gusta?: introvertido, extrovertida, de comunicación directa, sutil, atento... Intelectualmente, ¿cómo lo quieres?: pedante, con muchos doctorados, diciendo palabras extrañas, o la quiero sencilla... y habrá condiciones muy singulares: que sea vegetariano, que le gusten los aeróbicos o los tacos al pastor, el mismo actor de cine, etcétera.

De todos estos aspectos de la personalidad que te parecen atractivos y agradables, habrá algunos que sean fundamentales y otros más bien superficiales, los que tendrás que analizar cuando vayas a tomar la decisión de "con éste sí" o "con éste no". Quizá pusiste como condición que le gustara el deporte, pero puede no ser tan fundamental; igual puede tener muchos elementos que te satisfagan y no te hagan la vida incómoda.

Además de ver todas estas cualidades, tendrás que ver sus propósitos de vida: cuál es su finalidad en la existencia, para ver si tienen los mismos fines o no. Porque puede resultar que tiene muchas cualidades, pero que vaya para otro lado, su misión en la vida sea otra, totalmente diferente de la tuya, y sólo se juntarán efímeramente.

Una vez considerada la misma dirección de intención en la vida, también considera si tienen los mismos valores espirituales, es decir, los mismos criterios acerca de las cosas más esenciales. Y después de saber todo lo que quieres de tu posible pareja, debes tener la capacidad de conocerla.

Nuestro mundo, nuestra civilización, te llevan a contactos muy superficiales con los seres humanos, de manera que no te tomas el tiempo de conocer al otro; buscas las horas necesarias para rozarte con él, compartir una experiencia, pero no involucras al otro en tu vida; de tal manera que casi siempre tu decisión del compromiso suele ser muy inconsciente, más provocada por tus temores y necesidades que por un compromiso para toda la vida.

Conociendo a tu pareja

Es conveniente saber lo que quieres. Desechar aquello que a veces te empuja a considerar que el amor aparece si eres bueno, o que si te portas bien con la mamá y con la abuelita, la vida te va a premiar con una pareja ideal. ¡No, no es cierto! Aunque quizá sea lo que te han dicho.

Puedes ser muy buena gente, pero si no te tomas el tiempo de reflexionar sobre lo que eres, qué ofreces en una relación, qué es lo que quieres y no analizas a la persona con la cual vas a convivir, es evidente que no va a funcionar bien porque estás tomando una decisión a ciegas.

¿Qué significa analizar a una persona? Significa evaluar cómo te trata, cómo te habla, qué hace por ti; significa también ver cómo es con su propia persona, cómo se comporta con sus propios objetos, sus zapatos, su perro; cómo se comporta con sus compañeros de oficina, sus intereses sociales. Si tienes buena capacidad de observación, no te hace falta mucho tiempo, depende de lo atento que estés.

Si te pasas el tiempo sin mirar, te puede suceder como en esas relaciones de 10 años de noviazgo, que a los seis meses de matrimonio se transforman en caos espantoso, porque durante los 10 años mantuvieron relaciones de falsedad, de impostura de cualidades y de funcionamiento. La observación es más importante que el tiempo para conocerse.

A la gente la puedes conocer muy fácilmente no por lo que dice, sino por lo que hace. Si sales con alguien, observa cómo resuelve las situaciones, cómo se comporta con los ancianos, cómo se comporta ante su jefe o ante la autoridad. Cuando hay mucha gente, si es de las personas que quieren impresionar.

La gente manifiesta más lo que es cuando actúa, que cuando habla. ¿Por qué? Porque al hablar, todos lo hacemos muy bonito, sobre todo si nos interesa impresionar. Así que atiende a cómo actúa ese ser humano. ¿Estás de acuerdo con su manera de actuar? ¿Vas a aceptarlo? Si lo vas a aceptar, hay posibilidad de que esa pareja funcione; si no lo vas a aceptar, no funcionará.

Y con esto, pasemos a esa falsa idea de querer cambiar a la gente. Un hombre o una mujer que ame mucho, por ejemplo, puede ayudar a una persona alcohólica a dejar la dependencia al alcohol. Y sólo puede ayudar; el cambio depende siempre del otro y, lo más importante, nadie tiene que cambiar a nadie. En realidad, de entrada, pretender una relación para cambiar al otro es equivocar el objetivo. Uno no busca pareja para cambiarla. Porque entonces podemos tener una colección de especímenes para curarles las heridas y viceversa; es el caso de tantos hombres salvadores que escogen a muchachas con muchos conflictos y las "salvan". La pareja no es para salvar a nadie; para salvar hay otras elecciones en la vida: ser bombero, salvavidas o enfermera, por ejemplo.

Es indispensable que conozcas a tu posible pareja y saber si podrás aceptarlo como es; al elegir, tienes que tener la conciencia clara de con qué persona vas a hacer pareja, para crecer ambos en su discernimiento, voluntad, inteligencia, sensibilidad y creatividad. Pero este crecimiento lo tienen que vivir individualmente. Claro que se puede compartir, pero nadie puede crecer por otra persona.

En principio, para vivir en pareja, para vivir el amor, debes tener capacidad de amar, capacidad para amarte a ti mismo y para amar a los demás. No puedes enganchar a la primera persona "incauta" que aparezca para que cargue tus alforjas en su propia espalda. ¿Cuántas veces no has escuchado: "te casaste, ¿no? ¡Pues ahora te aguantas!"

Encontrar una pareja significa compartir tu vida con ella y cargar cada cual su pequeño o gran fardo. Si tienes problemas emocionales, intelectuales o físicos, tendrás que trabajar en ellos y el otro tendrá que trabajar en los suyos propios y tendrán que apoyarse; pero no puedes culparlo de tus errores, de tus propias limitaciones. Para vivir en pareja es de suma importancia que asumas que los individuos nos realizamos individualmente y que tienes que aprender a aceptar a los demás tal como son.

Aceptar la realidad

Como habrás observado, aprendemos a inventar desde chicos. Cuando nuestra madre está despeinada, no es que esté despeinada, es que tiene un cambio de "apariencia"; si nuestro padre ha llegado tarde pensamos que está trabajando demasiado. Hemos aprendido en el medio familiar que el amor finge, ¡finge demencia! Entonces, ¿tenemos que seguir siendo dementes toda la vida? No. Podemos dar un paso hacia adelante en la experiencia de lo humano y ser más inteligentes cada vez. Aceptar que amar no significa que el otro debe ser perfecto ni que lo podremos cambiar, sino aceptar lo que es y lo que somos.

Pongamos como ejemplo que fueras profundamente desordenado y que eligieras una pareja que fuera súper metódica y ordenada, porque es tanto el rechazo que tienes de tu propio desorden, que deseas que tu pareja resuelva ese conflicto. Si en vez de negar que eres desordenado y exigir al otro que no lo sea, te das cuenta de que el desorden es una debilidad, una incapacidad, la podrás aceptar tanto en ti como en el otro; tienes que entender que tu pareja es un ser humano, con cualidades y defectos, virtudes y limitaciones. A veces estará despeinado, a veces tendrá gripe, un día va a estar deprimido, otro día estará muy contento. Es un ser humano normal, natural.

La importancia de la convivencia

Algo que seguramente está en tu mente y es conveniente aclarar: ¿la pareja debe conocerse en convivencia? Absolutamente sí; tienes que conocer las características y el comportamiento del otro en todas las esferas de la vida.

Hay personas buenas y muy valiosas que pueden ser una pareja excelente, pero no necesariamente para ti; o viceversa; y eso sólo puede apreciarse en la convivencia. Puedes decidir vivir con una persona que tiene muchos valores, pero costumbres domésticas totalmente dispares a las tuyas. Aunque sean cosas pequeñas sin aparente importancia, pueden constituir la fricción o el pleito de todos los días.

Aún podemos ir más allá: ¿qué pasa con el contacto íntimo? La capacidad de comunicar el afecto a través del cuerpo, la relación sexual, que antes dijimos que no era el amor, es una de las manifestaciones más importantes en la relación de pareja. Pero que hay que vivirla con cuidado, con precaución. Estoy hablando de tomar una decisión seria, no de que primero haya que probar eso... y luego todo lo demás. Pero es importante que haya afinidad, atractivo, complemento.

La pareja, vehículo de trabajo y desarrollo

Vamos a buscar las características que determinan una pareja ideal, que sea positiva, que funcione... Si nos preguntan a las mujeres "¿cómo concibes a la pareja ideal?", diríamos, según los estereotipos recibidos por nuestra educación: que sea guapo, simpático, que tenga dinero, que sera paciente, comprensivo, romántico, medianamente culto, buen padre, buen vecino. Es decir, tiene que ser bueno para todo.

Si les preguntáramos a los caballeros, ¿qué dirían?: que será una mujer suficientemente inteligente para poder hablar y lo suficientemente discreta para no demostrarlo, tiene que ser guapa, profundamente sexy en la intimidad y completamente recatada en público, tiene que ser estupenda cocinera, perfecta madre, comprensiva, que siempre sea capaz de apoyar en los momentos difíciles; tiene que poseer, además, sensibilidad artística. Éstos son los esquemas que la mayoría tenemos.

El hombre y la mujer vamos hacia un camino de desarrollo. Algo que debemos reconocer es que estamos en él, que justamente la vivencia de la pareja tiene como finalidad construir la energía que nos propicie a ambos llegar a realizarse como el hombre y la mujer ideal. De tal manera que habría que aceptar que al formar una pareja hay mucho trabajo por hacer, que habrá algunas capacidades ya resueltas y otras no, por lo que es de vital trascendencia ser muy objetivos al momento de plantear de qué se parte y adónde se va.

El respeto a la pareja

Algo que no pediríamos normalmente, salvo cuando ya llevamos tres o cuatro divorcios, es que la pareja tenga un concepto profundo del respeto, que sea independiente, que sea madura en sus decisiones, que tenga capacidad de amar, y aspiraciones elevadas. Todos estos atributos no los consideramos suficientemente pero, en última instancia, son los que hacen posible (además de que ambos sean buenos, se simpaticen y se agraden) que la pareja funcione.

Cuando una pareja se forma, se constituye como una nueva entidad que debe tener su propia energía dinámica, que la lleve a ser lo que debe ser. Desde este punto de vista, ¿para qué funciona la pareja? Funciona para no estar solos, funciona para montarse en un tren y avanzar acompañados, para resolver los conflictos de la vida cotidiana, para pagar menos renta, menos energía eléctrica, para tener hijos... ¿Para todo esto?... Definitivamente no.

La pareja es un elemento de cohesión con tu propio yo interior y con el universo del que formas parte, porque sólo a través de la conciencia se da el encuentro con otro, y es la apreciación de otro la que te permite reconocerte como ser humano y trabajar hacia objetivos comunes que deben ser de búsqueda de la perfección y de la felicidad.

En una pareja debe existir absoluto respeto, entendiendo por esto que cuando eliges un compañero o compañera no lo haces para explicarle de la mañana a la noche lo que tiene o no que hacer, lo que hizo bien o mal; significa que aceptas a otro ser humano y compartes la vida con él, compartes lo que te da y le das lo que le quieres compartir. Para que haya respeto, tiene que haber reconocimiento de la individualidad y de las necesidades de experiencia que tiene el otro. A mí, verdaderamente, casi me asusta escuchar cosas como: "mi marido no me deja", "es que mi mujer me lo prohíbe"; esto más bien refleja una especie de confusión existencial. Una pareja no es para que te prohíba, ni te deje de prohibir, y puesto que se forma mediante la decisión libre de compartir la vida, el respeto es fundamental.

Una de las finalidades de la pareja es provocar el desarrollo de los individuos que la conforman; por lo tanto, ambos deben propiciar que el otro desarrolle sus capacidades al máximo, apoyándolo cuando lo necesite, dejándole la libertad que requiera para experimentar, para crecer; es decir, vivir y dejar vivir.

Hace falta, además, un concepto de libertad tal, que se pueda hablar absolutamente de todo: lo que quieres, lo que no quieres, lo que piensas, lo que no has pensado, lo que desearías, lo que temes.

Tu pareja tiene que ser independiente, individual; ese otro ser, esa otra parte de ti. Sí, esa otra parte con la que haya una plena confianza y comunicación.

Resulta impresionante lo frecuente que es escuchar cosas como: "esto no se lo digo a mi esposo porque...", siendo las más de las veces cosas sin importancia, intrascendentes. Esto habla de que uno siente al que está al lado como una especie de carcelero. ¿No es esto absolutamente neurótico?

En una pareja tiene que haber confianza para decirse todo, porque si la pareja no lo entiende, entonces ya no lo es. Nuestra pareja debe tener claro cuáles son nuestras motivaciones, nuestras costumbres, nuestras dificultades, porque objetivamente debió verlas antes de decir: "sí, contigo me comprometo" y, si no, tiene que aprender a entenderlas.

La incondicionalidad en la pareja

Para que la pareja funcione, es menester su incondicionalidad para dar el amor y el apoyo que ofrece. Muy a menudo, hay pequeñas facturas. "Yo no te digo a ti qué tienes que hacer, pero de todas maneras si no haces lo que yo quiero, tampoco voy a hacer lo que tú quieras"; esto es una especie de manipulación, a manera del juego de "toma y daca" y todo ello entorpece la relación.

El amor se da por voluntad, no por condición. El amor tiene que ser incondicional; si la pareja funciona incondicionalmente, es un hecho que va a ser maravillosa.

Conviene aquí que aclaremos que amar incondicionalmente no significa que se omitan las condiciones de respeto, libertad y generosidad por ambas partes. Significa que estamos y disfrutamos de nuestra pareja por lo que es en sí misma. Significa también que el amor parte de una total aceptación y está dispuesto a darse siempre, sin condiciones egoístas o manipuladoras.

Valorando a la pareja

Hay parejas que sí se aman y, sin embargo, están asustadas pues creen que no funcionan, porque consideran que tienen que estar todo el día suspirando...

La gente cree que el amor es excitación, pasión, violencia emocional, sacudida, desprendimiento de la realidad. No. El amor es todo lo contrario, es objetivación en la realidad, serenidad, amplitud de discernimiento. Es una fuerza de creatividad humana, no una sacudida emocional. En efecto, el amor se manifiesta como sentimiento, se manifiesta como pasión, pero son manifestaciones con distintos matices.

Todo en la naturaleza obedece a diferentes niveles de evolución: las plantas y los animales también se aman a su manera; los seres humanos tenemos que amarnos de manera humana, si no, no seremos felices. Podemos limitarnos a amar sólo de manera animal, basados en sensaciones, pero entonces quedaremos atrapados en sufrimientos y vidas de condena.

Amar de manera humana es conciliar las experiencias de trabajo, de diversión, de sexualidad, de conocimiento, de espiritualidad, es decir, estar presente en la vida en todas sus facetas, de tal modo, que habrá momentos de grandes suspiros y otros de responsabilidad, reflexión... y no hay que asustarse porque la fiesta no sea continua. De hecho, al ser el amor una gran energía de impulso para la vida, deben entenderse sus ciclos y retos.

Así es que debemos aprender a valorar el amor cuando está a nuestro alrededor en su profundidad, y no sólo en los fuegos de artificio.

¿Es posible cambiar a la pareja?

Sin duda conoces parejas que viven años de suplicio y angustia, que prácticamente ya no se pueden soportar, que no tuvieron el valor desde el principio para reconocer sus fallas. Esto nos lleva a la pregunta: una pareja viciada, dependiente, manipuladora, chantajista, ¿puede trasformarse en una pareja funcional y creativa? Es posible. La condición para ello es que ambos quieran y decidan transformar todo el fastidio, en el intento de tener una vida agradable y feliz. Por supuesto que con gran esfuerzo, trabajo y voluntad.

Para que el cambio sea factible, hay que tener una gran capacidad de apreciación y aceptación, para contrarrestar el automatismo, las actitudes agresivas y empezar de nuevo; invitar al compañero como el primer día, con mucha generosidad, como si fuera un prospecto a futuro y empezar a plantear lo que realmente sentimos, considerando que ambos, a través del tiempo, ya son otros.

Esto evidentemente significa perder los miedos y las resistencias. Si hay que explicar todo lo que te molesta y hay que vivir de manera diferente, no lo hagas con agresión. Es normal que ésta exista, pues llevan varios años de frustración. Sin embargo, intenta comunicarte superando el resentimiento, aprendiendo de ello que lo peor que puede suceder en tu relación de pareja es no decir las cosas en su momento.

Cuando algo te duela, hay que resolverlo inmediatamente, no debes guardarlo para otra ocasión más propicia, porque esto lo único que hace es acumular rencor y cuando sientes rencor por el otro, lo culparás de algo de lo que probablemente ni tiene responsabilidad; viene así esa clara separación de los matrimonios que tienen muchos años juntos y asumen que conocen al compañero, cuando en realidad es tan grande el desconocimiento y el abismo que ni el diálogo es posible.

Hemos dicho que el amor y su vivencia es, entre otras cosas, asunto de aprendizaje y como no nacemos sabios, todos cometemos errores. Eso tenemos que aceptarlo, con la seguridad de que siempre que queremos realmente, podemos superarlos por difícil que parezca.

Cuando dos personas se han equivocado en sus actitudes a lo largo de los años, generándose mutuamente dolor y desolación, parecería imposible encender el amor. Pero ello es tan posible como lograr con nuestros propósitos cualquier otra situación.

Ya vimos que cuando hay una voluntad real de amar, la dinámica creativa de la vida aparece con seguridad. Por supuesto, esto último no es asunto fácil. Más que en ningún otro caso, aquí hay que cambiar valores, posiciones, hay que estar dispuestos a perdonarse y a perdonar, a amarse y a darse una oportunidad real de vivir la vida en su faz luminosa.

Ninguna relación de amor se da sin conciencia, sin generosidad, sin entrega, sin esfuerzo. El que haya que trabajar mucho no debe desanimarnos. El objetivo lo vale. No es a la pareja a la que curamos, es nuestro propio yo.

Si esta posibilidad no existe y lo sabemos por haberlo intentado sincera y seriamente, entonces por lo menos hay que generar el amor suficiente para perdonarse y darse libertad, sin rencores ni culpas. Lo bello de la vida es vivir, así que, con pareja o sin ella, vive y deja vivir.

Los pánicos entre las parejas

Son muy comunes los pánicos en las parejas. Tanto hombres como mujeres tienen terror de que sus parejas sean independientes. Hay mucho temor de perder al compañero o a la compañera. Hay casos de esposas que cocinan con cantidades impresionantes de grasa para que el marido vaya "embarneciendo", de manera que sea muy poco agradable a otros ojos; también hay hombres que hacen peticiones semejantes a las mujeres al decirles: "no te pintes, estás más guapa al natural"; todo esto nos habla de muerte y no de vida.

En una relación madura, la libertad es como un motor, porque se está junto a la pareja cuando se tiene que estar, y se está lejos cuando tiene que ser así. Cuando una pareja funciona adecuadamente, no habrá otra oferta posible que cambie el derrotero. La buena relación de pareja es una experiencia tan madura y tan difícil de lograr, que el que la consigue no la cambia por nada.

¿Sabes lo que es llegar a casa cuando quieras, después de haber hecho lo que has querido y encontrar una persona sonriente, amable, apoyadora?, ¿crees que eso lo va a dejar alguien? A lo mejor por dos horas, pero...

Otro típico error es no hablar con claridad. A causa de nuestras limitaciones, creamos en la convivencia tal acumulación de agresión, que al cabo del tiempo, nos hace sentir traicionados.

Piensas que manifestar tu frustración sería terrible, que al comuninar tus desacuerdos se agravarían los conflictos y ya no podrías participar de esa convenida imagen de "aquí no pasa nada, aquí todo está bien", que el exterior acepta con un "qué bien se llevan"...

Para no enfrentar la realidad te reprimes, sin darte cuenta de que ello da como resultado que, de la misma manera como ocultas la tensión y la agresión, reprimes también el afecto porque no te puedes limitar en unos sentimientos y en otros no. Nuestro mundo afectivo es uno, y cuando decidimos aislarlo en nuestra relación con los otros, por las razones que sean, lo hacemos completamente. No nos peleamos, pero tampoco amamos.

Cuando dices "no quiero hablar de eso" porque hay una larga serie de malentendidos y de resentimientos, entonces la relación se va quedando hueca. Si desde el principio te acostumbras a ir resolviendo las diferencias una a una, verás que la comunicación se puede mantener limpia.

Si no has hablado en los últimos tres meses porque consideraste que algo no tenía importancia y lo podrían resolver después, cuando de golpe lo quieres hablar y el otro se niega porque no quiere conflictos, es que también hay temor a que la fricción genere más fricción...

Es una fantasía pretender —por no discutir— simular que todo está perfecto; esto, lo único que acarrea son gastritis, úlceras, problemas emocionales, porque lo que no se grita para afuera, se grita para adentro y si no te permites manifestar tu coraje o desacuerdo en el momento adecuado, acumularás tanto resentimiento y negatividad que algún día serás para ti y los otros verdaderamente agresivo.

Creemos que discutir no es malo; si se hace con cordura y generosidad, es lo mejor que podemos hacer. Para aprender a discutir, sin juzgar y sin herir al otro, hazlo dirimiendo la situación, no el valor de la persona con la que discutes. Normalmente, cuando alguien hace algo que no te gusta, en lugar de decir "esto que haces no me gusta, me gustaría que lo hicieras de otra manera", dices: "eres un imbécil; siempre me haces lo mismo". Como ves, de ese modo no hay forma de entenderse. Para lograrlo, hay que mantener claro el asunto que queremos discutir, tratando de no mezclar sentimientos negativos que muchas veces son injustificados y nacidos de nuestros prejuicios.

Para conversar positivamente, hay que estar dispuestos a atender tanto las razones del otro, como las nuestras. Acerca del momento adecuado para dialogar, estoy convencida de que cuando existe el compromiso, esas condiciones previas al verdadero objetivo de aceptación, sin miedos del uno para el otro, aunque haya distintos enfoques, siempre se van a dar.

También creo que cuando enfrentas esta comunicación con un sentimiento de amor, es decir, con un sentimiento no de querer tener la razón sino de querer encontrar la verdad en un marco de desarrollo más agradable para ambos, se encuentra voluntaria y mutuamente el momento.

El amor trae consigo amor a cambio; si tienes una gran capacidad de amar y de comunicarte, cuentas con mayores posibilidades de llegar al fondo del otro y de apoyarlo. Puedes hacerlo a través de la comunicación, a través del amor. Lograrás amor a cambio y cuando amas a los demás, los demás podrán amar. Es una energía que, al estar en contacto con ella, se dinamiza de inmediato, por eso los grandes seres humanos han recibido mucho amor.

Si tienes una incomunicación de muchos años, desde luego no conviene continuar con ella. Es como tomar veneno, poquito a poco; como seguir muriéndote. Hay que abrir espacios dentro y fuera para reiniciar el contacto, con paciencia y cariño.

Si piensas: "ahora que voy a decidirme a hablar, inmediatamente nuestros corazones se van a encontrar y todo será maravilloso", estás equivocado. Tienes que empezar por co-

municar: "no te quiero agredir, me interesa tu felicidad, me interesa lo que haces, quiero tener la posibilidad de aprovechar la convivencia contigo", pero no decirlo solamente de palabra, sino de corazón; que lo manifiesten también en tus actitudes.

Debes renovar tu fe en ti y en el otro, sin esperar por ello respuestas mágicas, y que quien antes despreciabas y agredías se convierta de golpe en el más maravilloso de los amores. Hay que recordar que es un ser humano, con principios y sensibilidad, pero también con problemas de evolución.

Entonces, debes esforzarte provocando contactos creativos, decir por ejemplo: "aunque en los últimos 10 años no hemos hablado mucho, tengo cosas que decirte; no he sabido hacerlo, pero ahora quiero intentarlo, ¿quieres intentarlo tú?" Si el otro dice que sí, perfecto. Si se niega, pues paciencia, si es que quieres trabajar en ello; si no, no queda más que mandar el último mensaje: "no puedo seguir en silencio, me voy". Sin comunicación no hay amor posible.

- Confundimos el amor con el sexo, la dependencia, la obsesión y la manipulación.

- A las personas se les puede conocer fácilmente, no por lo que dicen, sino por lo que hacen.

- Encontrar a tu pareja significa compartir tu vida con ella, pero cada cual tendrá que cargar con su propio fardo.

- La pareja debe conocerse en la convivencia.

- La pareja es un elemento de cohesión con tu propio yo interior y con el universo del que formas parte.

- Una de las finalidades de la pareja es propiciar el desarrollo de los individuos que la conforman.

La fidelidad

*La solución a los problemas del amor
no está en cambiar de pareja,
sino en tener la capacidad
de amar verdaderamente.*

Casi todos relacionamos el término fidelidad con la pareja y con los conflictos que se suscitan en la vivencia del amor cotidiano. Me gustaría que tuviéramos presentes dos aspectos de la fidelidad:

- Es siempre voluntaria
- Se puede manifestar hacia un ideal, un arte o una causa, además de hacerlo hacia un ser humano.

La fidelidad es una experiencia voluntaria y libre del ser humano, por lo que no hay fidelidad sin elección. No es una imposición: es una decisión propia.

Cuando se habla de fidelidad, generalmente se asocia con una imposición social, de una iglesia, de la familia o de un criterio temporal; y no es así: la fidelidad es un logro que resulta de la capacidad de valoración y de compromiso que hayamos desarrollado.

Puedes ser fiel a una relación de pareja y también a una causa, a un país, a una idea. Puedes ser fiel a todo aquello que te parece verdaderamente importante, a aquello que pata ti tiene valor y te produce un gusto por la elección voluntaria de la fidelidad; es decir, que eres fiel a algo cuando reconoces su valor.

Cuando hablamos de la fidelidad en el amor surgen, en el fondo de nuestra conciencia, preguntas como éstas: ¿no puedo querer a alguien más?, ¿el amor es exclusivo? Por supuesto que no. El amor no es exclusivo. Podemos querer a muchísimas personas, a la naturaleza entera; sin embargo, conviene tener claro que un compromiso de pareja sí es exclusivo, porque no podemos ser pareja de dos personas a la vez.

Al hacer un compromiso de amor con un ser humano, lo haces porque has encontrado valor en él y porque quieres que ese valor sea permanente en tu vida. Cuando de ello surge la posibilidad de crecer y vivir plenamente, surge tu decisión del compromiso y la fidelidad, como medio para lograr tus más anheladas metas existenciales: confianza, apoyo, afecto, comprensión.

Del enamoramiento al compromiso

Si evocas tus experiencias maravillosas de enamoramiento, recordarás que éste surge casi siempre de manera involuntaria (aunque inconscientemente tengas tus anzuelos para que alguien los muerda). Aparentemente, el enamoramiento es algo que va más allá de tu decisión y voluntad.

Cuando te sientes enamorado, prácticamente no puedes controlar tus estados de ánimo; aparece el ser amado y se te sube el rubor, empieza a latir tu corazón más de prisa, deja de interesarte lo que estás haciendo o lo que estás pensando; nada te interesa más que estar junto a él, tomar el café con él, mirar el mundo con él, porque el mundo cambia por bompleto; ahora es totalmente bello, armonioso, magnífico, sin problemas.

Cuando estás enamorado, no existen la pobreza ni la contaminación. No existe nada más que el amor, la función erótica, la identificación mental, la unión de los sentimientos. Todo es maravllloso, sí, pero eso es sólo un instante de un proceso de vida, del encuentro de dos seres, ese encuentro que se da por afinidades inconscientes.

Esa unión es dinámica no es estática y, al final resulta que esa euforia va disminuyendo, hasta que de nuevo el mundo aparece ante tu vista y resurge la contaminación, el recibo de la luz, las deudas, la rutina, en fin, reaparecen las realidades y entonces tienes que tomar una decisión para asumir un compromiso.

Tan sólo la idea de considerar lo anterior, te lleva hacia pensamientos como: ¿qué me habrá pasado?, ¿cómo me habré enamorado de este tipo?, ¿cómo puede ser que yo haya dejado mi carrera por estar con él?

O puede suceder que en ese dinamismo digas: "en realidad he descubierto tantos valores en él que no lo quiero perder, quiero compartir mi vida con él, compartir mis objetivos, mis sentimientos, mis dudas, mis lágrimas, mis esperanzas". Entonces el otro contesta: "sí, yo también; en realidad me pasa lo mismo" y ya tienen un compromiso, y hacen pareja, formalmente o no.

Así, esta nueva experiencia empieza a llenarte de responsabilidades compartidas, de realidades que necesitas enfrentar: la administración del espacio, del tiempo, la comida, las palabras, las diversiones; todo tienen que empezar a vivirlo de manera más consciente y unidad con tu pareja.

El cuadro mental de "me siento maravillosamente bien cuando estoy contigo, porque me bajo del mundo y sus problemas" cambió por "contigo me siento bien porque puedo enfrentar mejor los conflictos, porque me siento apoyada, comprendida".

Si te resulta difícil y deseas evadirte, te preguntas: "¿qué pasa que esto no resulta?, yo lo que quería era seguir esa orgía fáustica de las emociones y de los pensamientos locos", y surgen las dudas de si realmente los compromisos requieren de fidelidad, de sí matan el amor, y qué mejor prueba de esta actitud negativa frente al compromiso, que pasear al novio al compás de la marcha fúnebre en la fiesta de bodas... ¿Será esto cierto? ¿Merecerá la pena?

El porqué del compromiso de pareja

Tus experiencias como ser humano deben tener sentido y objetivo. Cuando buscas la experiencia del amor o el compromiso, lo haces con un objetivo a veces consciente, a veces inconsciente, pero haces las cosas por una motivación.

Al buscar el compromiso de amor, lo haces con la motivación de ser feliz. Ser feliz es darle sentido a tu vida, darte sentido a ti mismo. Algo que potencia esa posibilidad es el reconocimiento de otro ser, quien te convierte en algo importante, esencial y sagrado en su vida.

Cuando el encuentro hace que dos personas se reconozcan como algo esencial, único e importantísimo, entonces hay una transformación mágica.

Es esta transformación la que hace que cada uno de ellos se convierta en un ser con sentido, con valor, y para eso tiene que existir otro que reconozca ese valor, que venere ese valor, y que sea devoto de ese valor. Todos, al igual que tú, queremos encontrarlo. Además, tenemos muchas ganas de que nos quieran, nos reconozcan, nos aprueben y se den cuenta de lo valiosos que somos.

Ahora bien, ¿estaríamos de acuerdo en que esto sucediera sólo durante dos semanas? ¿Cómo que primero me valoran y después me tiran a la basura? No, eso a nadie le gusta. Además, si enfrentando la experiencia de la vida de manera real, si compartiendo muchas cosas con el otro podremos enriquecernos muchísimo, ¿por qué entonces abandonarla?

Cuando asumes un compromiso definido tienes la voluntad de guardar la fidelidad, es decir, de reconocer el valor en el otro; has sido maduro; ese valor reconocido debe ser permanente. No puede ser que te cases con una persona porque has descubierto que es noble, emprendedora, carismática, y que dentro de tres meses digas: "no, esos valores no los quiero", porque entonces no estás enfrentando tu propia experiencia de vivir, de elegir y de ser.

El tema de la infidelidad es escabroso, porque estamos educados en un falso concepto de amor, en el que la voluntad no desempeña papel alguno. Piensas que el amor es algo que aparece, te sobrecoge, te apasiona y que no puedes hacer nada para provocarlo, mantenerlo o hacerlo crecer. Y es entonces, cuando efectivamente decides emprender una experiencia importantísima y fundamental, con sentido en tu vida, a través de un compromiso.

Al cabo de tres meses, tres semanas o tres minutos empiezas a encontrar conflictos porque tu pareja se duerme más tarde y se levanta antes, porque come con ajo y tú no soportas el olor, porque quiere mucho a su madre y aborrece a la tuya, y empiezas preguntarte: "¿esto es el matrimonio?, ¿es esto el compromiso?" Así empiezas a acumular desencantos, falsos juicios y falsas valoraciones que te llevan a despreciar el compromiso, el amor, la fidelidad y a confundir la problemática de cada uno de los individuos que forman la pareja o las situaciones que puedan vivir con las posibilidades mismas de la relación.

En lugar de reconocer en tu pareja al ser amado y sus cualidades y entender que ese conflicto es un conflicto separado, estableces un vínculo entre ese conflicto y el ser amado, de tal manera que lo ves como el "conflicto" y, como consecuencia, decides buscar otra pareja.

Además, hay otro argumento muy importante. Sabes por experiencia que tienes poquitos años para vivir y que en la medida que pasan, tienes que aprovechar todas las oportunidades de placer que se te presenten; surge, entonces, una especie de urgencia por saborear la vida.

Cuando empieza a salir una canita o una arruga, actúas desenfrenadamente, temiendo perderte de algo, empiezas la búsqueda de otras parejas que, en el fondo, si tuvieras que confesarlo, no son más que repeticiones de la primera. La solución no está en cambiar la pareja; está en tener la capacidad de amar verdaderamente.

En una ocasión me encontraba con un grupo de personas en una oficina y observé con interés cómo una de ellas contestaba el teléfono:

—¡Ah, Gaby, en este momento pensaba en ti...!

Y me dije a mí misma: "¡qué tierno", imaginando por el tono de su voz que estaba muy interesado en la persona con la que hablaba. Cuando terminó le pregunté:

—¿Eres casado, tienes novia?

—¡No! –contestó.

—¿Y esa Gaby?

—¡Ah, es una amiga!

—Pero le has hablado como si fuera tu alma gemela.

—Es que hay que ser simpático, ¿no crees?

—¿Qué edad tiene?

—31 años.

—¿Y te gusta para casarte?

—¡Está muy difícil!

—¿Por qué?

—Pues es que yo quiero mi libertad, mi desarrollo individual y las mujeres son celosas, no dejan vivir, luego luego te quieren cuidar.

—Bueno, pues entonces tendrás que buscar una chica que también tenga deseos de desarrollo personal y mientras ella se desarrolle y tú te desarrolles, no hay problema. Se unen cuando se quieran desarrollar juntos y ya.

—No, lo que pasa es que tampoco quiero una mujer muy independiente porque luego está muy ocupada y ni siquiera atiende la casa...

Estoy convencida de que, a menos que cambie de opinión, este hombre será infeliz, porque cae en el típico engaño de que lo importante es seducir, conquistar, por supuesto, sin comprometerse. ¿Qué crees tú que pueda esperar de sus fugaces conquistas?

El amor proporciona desorrollo, paz, seguridad, estímulo, crecimiento, felicidad, pero lo que no proporciona es evasión de uno mismo.

El amor nos torna más conscientes porque, además de ser responsables de nosotros mismos, tenemos que serlo ahora de la comunicación que establecemos con el otro. En general, pensamos que los vínculos tienen como finalidad descargarnos de responsabilidades; normalmente una mujer piensa que cuando se casa, la vida se le facilita porque ha encontrado quien la mantenga y la defienda, y el hombre piensa que ya tiene quien le lave, le planche y le haga la comida. Desde este punto de vista, mejor que cada quien se quede con su familia. Pero resulta que, a pesar de todos estos planteamientos o supuestas facilidades, la realidad es muy distinta

Cuando vivimos solos en nuestro propio espacio, tenemos una gran claridad de nuestra conducta espacial, de nuestros límites y de nuestra intimidad. En cambio, cuando compartimos la vida con otro necesitamos, si lo amamos, crear un ambiente de respeto y cortesía, un ambiente en el que la unión sea posible sin tropezón, porque por mucho amor que haya, si queremos beber el mismo café, de la misma taza y al mismo tiempo no se podrá.

Así, hay que generar un espacio y un tiempo dedicados a la comunicación, a la comprensión y al encuentro de las energías. Un espacio que permita la coexistencia ordenada de los dos; esto no significa que conformar una experiencia de amor implique vivir más cómodos, sino asumir un compromiso más.

Asumir una experiencia de amor consciente es disponerse a crecer, propiciar el perfeccionamiento de la pareja y de uno mismo, pero esto requiere de esfuerzo y energía, lo contrario de lo que normalmente se piensa.

Es común la idea alarmante de que si te va mal en tu relación de pareja porque estás muy aburrido o resentido, lo mejor que podrás hacer será buscarte una "amante". ¿Por qué? Porque cuando ya estás muy aburrido, casi en un estado de depresión, tiene que haber alguien que te rompa el tedio, que te inyecte nueva energía.

Así es que si eres un hombre que está aburrido, te buscas una mujer maravillosa que te vea como un Dios, con la que no compartas ningún problema, ni la luz, ni la renta, ni los niños, ni el futuro, ni la suegra, ni la tía, ni el hermano que se acaba de accidentar, ni nada. Ella es una mujer que te ve como el arquetipo del caballero andante, que en realidad va

Lidia Pérez

compartir contigo café, cine, cama, viajes, sonrisas, admiración y recibirás lo que de veras mereces en el amor.

Pero habíamos dicho al principio que el amor es un reconocimiento especial del que te ama, una dignificación del propio yo y de tu propia experiencia, y si esto no te lo hace sentir tu pareja, entonces lo tiene que hacer otra persona, es decir, tienes que buscarte otro "devoto" para que "cuando dios vuelva al nicho todo esté perfecto". "Cuando el señor llegue a la casa, todo sea armonía, ya no gruña". No discute si la sopa está bien o mal, porque además, ya cenó, no pasa nada...

Y si eres mujer y también has soportado el tedio y todo lo demás, te buscas un galán que realmente te haga sentir lo que es la vida, y cuando él llegue a casa le harás lo que él quiera porque tendrás alegría y energía para todo...

Me pregunto si realmente es así. ¿Proporciona felicidad la infidelidad?... y me contesto que ¡no!, categóricamente ¡no! ¿Qué resuelve la infidelidad? Nada, la infidelidad enmascara la cobardía, el temor de no saber tomar la decisión de separarse o enfrentar el conflicto, la inercia, el tedio y la mentira. Lo que produce es la evasión de los verdaderos problemas individuales y de la relación, los cuales no pueden ser resueltos de ese modo.

Si estás viviendo con otro ser humano con el que no te comunicas porque ya no hay objetivos en común, no se entienden y hay odios y resentimientos múltiples, ¿ayudará la infidelidad a resolver ese problema? ¡No! ¡El problema sigue ahí!, aun con amantes. Lo que problablemente logres es evadir tu conciencia del problema mismo, pero nada más. Va a pasar lo que nos indica una ley muy vieja de la que hablaban los hindúes, los griegos y otros pueblos antiguos: causa-efecto, que consiste en que a cada acción corresponde una reacción. En este caso, esa supuesta nueva energía y esa nueva devoción a la religión de tu yo se convierte de nuevo en un encuentro que da sus frutos... de nuevo hay casa, teléfono, resentimiento, aburrimiento, pleitos... y se repite la misma historia.

La fidelidad, un modo de ser

Si nos preguntamos: "¿merece la pena ser fiel?", podemos considerar que es aburrido o que es un concepto moralista con el que nos han asustado; pero más que responder a prejuicios establecidos y a concepciones sociales de diversas épocas, lo que me interesa es la respuesta desde el punto de vista de nuestra propia felicidad y desde nuestra propia búsqueda. Porque digamos lo que digamos, no nos engañemos: ¡todos buscamos experiencias fieles! En los sentimientos, en los conocimientos y en la vida. Lo que nos gusta a todos de ellas es lo que es fiel, lo que es permanente.

Te gustan las tortillas de maíz porque las conoces, te gusta cómo saben, cómo acompañan la comida y puedes enrollarlas, qué cómodas son y siempre así. En el momento en que tomaras una tortilla y no se dejara enrollar o morder, o imprevisiblemente cambiara de sustancias, convirtiéndose en madera, en chicle, en piedra, te disgustaría muchísimo, ¿no? Te gustan las cosas por lo que son, que lo sean y que sean permanentes. Además, sólo admiramos de verdad a los seres humanos que han sabido ser fieles.

Admiramos a San Francisco de Asís porque fue fiel a un pensamiento y porque hasta el último momento lo defendió, y sus acciones nos conmueven, ¿por qué? Porque están llenas de fidelidad. Nos conmueve la vida de Beethoven o la de

Giordano Bruno, que fue quemado en la hoguera por fidelidad a su pensamiento. Si te pones a pensar honestamente, en lo que de verdad te despierta admiración, vas a encontrar que es lo que tiene realidad y permanencia, lo que tiene capacidad de fidelidad y lealtad. Y eso todos lo buscamos.

Estoy segura de que cuando más dolor has sentido, ha sido cuando un amigo no te ha sido fiel o cuando te sientes traicionado por tu pareja, ¿no es cierto?

¡Duele muchísimo! Todos buscamos la fidelidad, aunque parezca no existir en el mundo cotidiano.

Para vivir una experiencia de fidelidad en el amor, primero tienes que recuperar la fidelidad hacia ti mismo, recuperar la fe y el compromiso profundo con lo que piensas, sientes y eliges. La historia demuestra que los seres humanos que persiguen con fidelidad los objetivos elegidos conscientemente logran siempre sus propósitos.

¿Es muy difícil encontrar la fidelidad?

Asumir una posición de fidelidad ante ti y lo que te rodea probablemente no sea muy fácil, porque tu conocimiento sobre las cosas internas y sobre el mundo exterior es muy pequeño; desconoces lo que verdaderamente quieres. No sabes si realmente quieres una pareja que te haga "volar" toda una noche y toda una semana y todo un mes, o si lo que quieres es una persona con la cual compartir esta experiencia tan interesante, tan complicada y a la vez tan enriquecedora que es la vida. Como no lo sabes, no sabes qué pedirle a esa persona o qué ofrecerle, y cuando surgen los conflictos propios a cotidianidad, los confundes con la persona y esto da como resultado tus evasiones.

¿Vale la pena ser fiel?

En los momentos en que te has entregado completamente a una idea, a una persona o a una causa, has vivido en la inteligencia de que esa entrega atravesaría por momentos de alegría y de dolor, por momentos de comodidad y de incomodidad, de abundancia y de carencia, de complicados problemas desde el punto de vista de la energía o del dinero.

Cuando lo has hecho así, puedes estar seguro de que has vivido en un amor profundo contigo mismo, has estado contento, a gusto con tu propio yo interior. Te has sentido fuerte y valiente, has percibido que lo que haces tiene importancia y, además, has podido entender y valorar al otro.

Cuando no eres fiel, ya no sabes por qué ni con quién duermes, ya no sabes por qué ven juntos televisión o por qué visitan a la suegra. Empiezas a despreciarte, a odiarte, a destruirte a ti mismo porque, en el fondo, sabes que no estás siendo veraz contigo mismo y te autocastigas. Te destruyes de muchas maneras y vas perdiendo el respeto propio porque permaneces en esta situación, más por debilidad y temor que por honestidad y búsqueda. Por ello tampoco puedes aceptar al otro y cada vez lo odias más. Probablemente, lo que inició como un pequeño conflicto, como una enseñanza en la vida, algo que se te presenta para aprender a ser mejor y encontrar la verdad de las cosas, se convierte en un mecanismo no de unión ni de amor, sino de separación, de destrucción y de odio. A fin de cuentas, ¿vale la pena ser fiel? Yo contestaría que sí, porque si no se es fiel, no se "es".

¿Ser fiel significa aceptar situaciones negativas, aguantar desprecios, vejaciones y aburrimiento? Absolutamente no. Resolver un conflicto, más que depender de las personas involucradas, depende de tu manera de ver el mundo. Cuando se presentan los conflictos de fidelidad no hay que ignorarlos ni evadirlos, sino superarlos, confrontarlos y resolverlos, para así llevar adelante el compromiso del amor. No se trata de que en el compromiso nunca haya discusiones u opiniones distintas, que nunca haya problemas. La fidelidad implica el compromiso de resolver juntos esos conflictos mutuos, además de los conflictos de la vida.

Vamos a suponer que te has equivocado, que en el momento de la elección no sabías siquiera lo que te gustaba comer, ni el color preferido para tu sala.

Al serte fiel a ti mismo y al otro, con el máximo respeto le comunicarás que ya no puedes responder al compromiso, pero no debes mantenerlo sólo porque "para otras cosas sí me sirves". Vale la pena que seas fiel en la medida en que la fidelidad te otorga una conciencia de ti mismo y una relación honesta y permanente. Esto te permite trazar un camino con dirección y continuidad que te acerquen a establecer una paz y un encuentro de energía, medios adecuados para desarrollar tu alma, tu sabiduría y tus potencias internas. Por todo esto, desde luego, vale la pena la fidelidad.

Otros aspectos de la fidelidad

También desde el punto de vista de la gente con que te relacionas vale la pena ser fiel, porque cuando eres una persona confiable, los otros te reconocen como alguien valioso y les das otra dimensión y oportunidad de reconocerse y de crecer; encuentran en ti un apoyo estable y seguro, porque saben que los vas a aceptar y a apoyar no por la circunstancia agradable, sino porque valoraras todo lo que son.

Cuando te amas y eres fiel a ti mismo, descubres que formas parte del universo y que lo que todos vivimos es el resultado de la posición mental, emocional y de nuestras acciones individuales y colectivas. Aprendes también que, en la medida en que tienes una posición honesta de perfeccionamiento, de generosidad y de estabilidad, logras compartir con los otros lo mejor de ellos.

Si sopesamos el mejoramiento de la humanidad, el mejoramiento de la relación familiar y de los individuos que componen una relación estable contra el peso de una nueva experiencia erótica, de una nueva posiblidad de encuentro fugaz, ¿que pesa más? ¿Qué merece la pena?

Yo creo que todos diríamos ahora que merece mucho más la pena aquello que es trascendente, que es profundo, que se relaciona con lo bueno y con lo verdadero. Sí, pero a la hora de la verdad, muchos cederían ante el placer fugaz. ¿Por qué? Porque otro de los graves problemas con los que nos encontramos en el mundo actual es que parece que todo lo que es bueno es "instantáneo". De manera infantil, pensamos que las cosas buenas y valiosas se tienen que dar de inmediato, así... ¡zoom!, y que si tenemos que dedicarenergía para llegar a ellas, no merece la pena.

Los falsos conceptos sobre lo que es bueno, adecuado e interesante, y que nos aleja de la posibilidad de ser fieles a nosotros y a todo lo demás, no es solamente un problema del matrimonio. Lo hemos hablado aquí en el ámbito de la pareja porque ésta ocupa inmediatamente nuestra mente al hablar de fidelidad, pero la verdad es que cada vez es más difícil encontrar un amigo fiel, un compañero de trabajo leal, un vecino honesto que cuando un ladrón quiera entrar a nuestra casa le diga: "¡Sssh, ¿a dónde vas?!" Todo ello hace que nuestro mundo esté cada vez más vacío, más profano y más sin sentido; por lo mismo, no podemos esperar que haya políticos leales, ni policías o agentes de tránsito honestos..., si conformamos una convivencia social a partir de intereses mínimos, inmediatos e intrascendentes.

¿Se puede enmendar la infidelidad?

Como ser humano eres susceptible de cometer errores. Si has sido infiel, ¿qué puedes hacer? ¿Te tienes que divorciar? Antes que nada, hay que entender que una cosa es equivocarse y otra es pensar que la equivocación es justamente la meta, el éxito y la realización. Si lo entiendes y quieres conservar a tu pareja, lo más adecuado es rectificar.

Cuando descubres que el verdadero valor está en lo que permanece y no en lo que ha sido una explosión (pues, a ver... cuando quieres desayunar, qué comes: ¿flor de manzana o manzana?, y cuando quieres mango, ¿comes mango o flor de mango?), lo que interesa es el fruto de las cosas, no la explosión de vida que se anuncia.

El enamoramiento anuncia la posibilidad del fruto, el encuentro de la dualidad que, si realmente llega a establecer una unión, va a producir fruto. El fruto es lo que en verdad alimenta, lo que en verdad nutre; en el caso de las experiencias humanas, lo que nutre es el amor, no el enamoramiento.

El enamoramiento es maravilloso, ya lo sé, pero deber traducirse en un fruto que nos permita crecer y evolucionar, y esto no siempre resulta agradable, no siempre es placentero, ni en pareja ni individualmente. Si uno tiene la capacidad de ver hacia dónde se dirigen, los conflictos de la vida resultan entretenimientos magníficos para irse haciendo cada vez más inteligente, más sabio, más comprensivo y más intuitivo. Los conflictos, por muy graves que sean, se pueden salvar cuando una persona es fiel a sí misma y a su pareja.

La fidelidad, cuestión de energía

La relación sexual no implica una unión de las almas ni de los objetivos de la vida, ni un compromiso estable de amor. Pero cuando decides unirte sexual, emocional, mental y espiritualmente con alguien, estableces un compromiso voluntario y dices: "contigo vivo todo esto y, al hacerlo, no puedo vivir con otra persona" porque no tienes la facultad de desdoblarte, de estar en dos lugares a la vez, de desayunar todos los días con dos personas al mismo tiempo. En ese caso, lo que haces es dividirte, fraccionarte, pero en estas circunstancias no te entregas a nadie, ni tienes un verdadero compromiso con nadie.

Naturalmente, eres susceptible de tener muchas experiencias, las cuales dependerán siempre de tu elección, facultad que tienes que usar inteligentemente porque no puedes tenerlo todo, tu energía no te lo permite.

Aclaro que la fidelidad no es buena sólo porque esté dentro de la moral. Su importancia radica en que cuando no hay fidelidad, no hay trascedencia de la experiencia y, por lo tanto, no hay aprendizaje, y al no haber aprendizaje no hay desarrollo del ser humano.

Uno de los problemas más graves de las parejas en el mundo actual es considerar cuando se van a casar: "bueno, vamos a ver cómo nos va y si no, pues cambiamos". Esto es muy destructivo porque no permite la entrega, no se da el compromiso. Queda aquello de "si me falla... me tiene que quedar algo para los otros".

La posibilidad de estar unido a una pareja en cuerpo, alma, mente y fuerza de existencia no excluye el amor hacia otras personas o aspectos de la vida; lo que excluye son las experiencias particulares del amor de pareja. Por ejemplo, en la música, la mente no excluye amar a los perros o amar con experiencias limitadas, aprendiendo determinadas formas de composición, de estructuras musicales, de sonidos, de armonía y claro que esa atención va a excluir amar de la misma manera la pintura. El que quiera ser gran empresario no puede ser también el mejor músico, porque el tiempo no es flexible, nuestro cuerpo es limitado y nuestra energía también lo es.

Tu conciencia y tu felicidad pueden crecer en la medida en que aprendas a amar, y aprecies que todas las cosas están integradas. Esto lo debes apreciar mediante experiencias de amor sostenidas, porque si nunca te entregas con intensidad, jamás lo descubrirás.

- La fidelidad es una experiencia voluntaria y libre del ser humano, por lo que no hay fidelidad sin elección.

- La fidelidad es un logro, resultado de la capacidad de valoración y del compromiso que hemos desarrollado.

- Tus experiencias como ser humano deben tener sentido y objetivos claros.

- Asumir una experiencia de amor consciente es disponerse a crecer.

- La infidelidad enmascara cobardía y causa desdicha.

- Vale la pena ser fiel, porque la fidelidad te otorga una conciencia de ti mismo.

- Cuando no hay fidelidad, no hay trascendencia de la experiencia de amar y por lo tanto no hay aprendizaje.

A manera de conclusión

El verdadero amor es consciente; es el resultado de una decisión, de una voluntad interior y no de una circunstancia o presión externa.

A continuación incluyo una serie de preguntas y respuestas para ayudarnos a esclarecer todo lo relacionado con el amor.

¿Se puede aumentar la capacidad de amar?

Claro que sí. Desarrollando la capacidad de amar es como descubrimos todo lo que realmente somos y podemos llegar a ser; también descubrimos a los demás y el sentido de la vida y la felicidad.

¿Podemos aprender a amar?

Sí, a amar se aprende. De la misma manera que la vida que hemos llevado hasta ahora nos ha enseñado solamente algo de lo que es el amor y mucho de lo que es el odio, podemos aprender a elegir y a andar el camino que nos lleva a la unión, a la integración, al respeto y al desarrollo por nosotros mismos y por la vida en general.

¿Cómo sabemos si lo que sentimos es amor?

Amor es aquello que genera confianza, paz, tranquilidad, crecimiento, alegría, vida y dinamismo.

El amor es incondicional; es decir, no amamos por lo que nos dan, sino por el deseo de amar, por el deseo de estar junto a ellos y a los que amamos, deseando al mismo tiempo que los que amamos sean felices.

El amor busca siempre la perfección de lo amado; los que aman de verdad buscan que sus seres amados se desarrollen naturalmente y sin limitaciones.

El verdadero amor es consciente; es el resultado de una decisión, de una voluntad interior y no de una circunstancia o de una presión externa.

El amor provoca amor; si nosotros vivimos esta corriente de integración y de unión por otros, sabemos que sentimos amor. No es así si pensamos que aquellos a quienes amamos nos tienen que resolver los problemas. Tampoco lo es si creemos que cuando los demás cometen errores nos están traicionando personalmente, o si vivimos el resultado de una emoción que no hemos decidido voluntariamente.

O bien, si siempre estamos a la expectativa de que aquellos que nos acompañen sean maravillosos y no necesiten resolver nada en su vida, ni tengan problema alguno; en fin, si tendemos a esperar que aquel o aquellos con los que vivimos el supuesto amor sea lo mejor del mundo y nunca tengamos nada por qué luchar ni qué resolver con ellos. Entonces, es que estamos bajo los efectos de la confusión como con el enamoramiento o la dependencia.

➥ ¿Es exclusivo el amor?

No, el amor no es exclusivo. Pero desde que somos niños adoptamos este pensamiento de pertenencia exclusiva cuando papá y mamá nos preguntan: "¿a quién quieres más?" Insconscientemente nos hacen sentir que si se ama a uno, ya no se puede amar a otro.

El amor no es exclusivo, así es que podemos amar a muchos seres a la vez. Es más, cuando verdaderamente amamos a alguien, a través de ese alguien aprendemos a estar unidos con el resto de los seres humanos y con el resto del universo.

Es cierto que hay diferentes manifestaciones de amor y distintas experiencias de éste, de tal manera que podemos amar a diversos amigos, amigas, familiares. Pero cuando lo que decidimos es asumir un compromiso de pareja, no podemos tener dos parejas a la vez. Sólo en este sentido es exclusivo el amor; cuando el compromiso es unirnos como un complemento para la experiencia total de la vida. En la medida en que ese complemento se dé, nos comprometemos con él y no podemos establecerlo con otra persona, a menos que rompamos con la primera.

El compromiso de pareja y de la realización del amor en la pareja no es exclusivo del amor. Podemos amar a nuestra pareja y esto no significa que no amemos a otras personas, que no podamos reconocer sus habilidades, que no podamos desear lo mejor para ellas, que no podamos sentirnos felices en su compañía.

¿Existe el amor prohibido?

No. Lo que existen son experiencias emocionales, de enamoramiento, obsesión, pasión, excitación, afirmación, violencia; en fin, experiencias que confundimos con el amor y consideramos prohibidas porque rompen con las exigencias de la sociedad, pero en realidad estos fenómenos no son de amor.

El verdadero amor, como fuerza de la naturaleza, jamás es prohibido.

¿Debo hacer algo para que me amen?

Sí, debes hacer algo: amarte primero a ti mismo.

Si no es así, adoptarás actitudes de autodestrucción, evitando todas las posibilidades de contacto con aquello que te pueda hacer bien y, por lo tanto, con el amor que otros puedan darte.

Así es que lo primero que debes hacer es amarte a ti mismo, reconocerte como ser humano y a partir de ahí tener la capacidad, en paz contigo mismo, de ver hacia afuera y descubrir a aquellos con los que te sientes feliz de compartir la experiencia de vivir.

¿El amor es solamente humano?

No. El amor es una fuerza de la naturaleza en la que participan todos los seres que en ella se manifiestan.

Existe el amor a nivel físico, emocional, mental y espiritual. Es cierto que los diferentes seres en la naturaleza

Lidia Pérez

experimentan el amor en la medida de su nivel de conciencia; en este sentido, podemos sentirnos muy satisfechos, pues el hombre es un ser que puede experimentar el amor mediante una expresión más grande, con mayor creatividad que muchos de los seres con los que compartimos el planeta.

☞ ¿Cuáles son las caracteístias del amor?

Las característisicas del verdadero amor humano son: ser consciente, incondicional, buscar la perfección de lo amado y dar siempre amor a cambio.

☞ ¿El amor lastima?

No, al contrario. El amor cura todas las heridas, todos los dolores, todas las dudas, todos los temores.

El amor no lastima, nos da sentido, nos hace crecer, nos da siempre la vida.

☞ ¿El amor se acaba?

El amor no se acaba, como tampoco se acaba la energía de la naturaleza.

Sabemos que la energía de la naturaleza no se destruye, sólo se transforma; así sucede con el amor, no se termina, se transforma.

Lo que puede llegar a terminarse en este mundo finito en el que vivimos son algunas de sus manifestaciones, pero no el amor.

Cuando sintamos que alguna manifestación del amor se nos ha escapado de entre las manos, lo que tenemos que hacer es reconocerla nuevamente y seguir en contacto con ella. Entender que las situaciones o las formas de relación no son lo más importantes porque éstas cambian, sino que es el amor mismo, el profundo y continuo deseo del bien de quien se ama, lo que importa.

¿Existe alguna edad para el amor?

El amor siempre está presente. Cualquier persona, de cualquier edad, puede amar en la medida de su deseo y su voluntad.

¿Influye la presencia física en el amor?

La presencia física influye solamente cuando confundimos el amor con los aspectos superficiales del ser, cuando lo que amamos son los cuerpos y nada más.

Si ya tenemos el nivel de conciencia como para darnos cuenta de lo que somos los seres humanos (algo mucho más valioso que nuestros cuerpos) y sabemos que nuestro cuerpo existe nada más como proyección y como reflejo de lo que somos, entonces podemos prescindir del aspecto físico.

Pero debemos reconocer que la atracción que sentimos los seres humanos en el nivel físico es importante.

También tendríamos que decir que el amor tiende a la integración de los opuestos en el universo y al retorno a la unidad, a la esencia misma del espíritu, y que busca siempre el bien, la verdad y la belleza. En este sentido, al preferir el amor por lo bello, es menester guardar el cuidado estético de uno mismo en todos los niveles.

¿El amor todo lo vence?

El amor es el vehículo mediante el cual, en la toma de conciencia de lo que eres, de la vida y de los otros, puedes realizar la transformación, el desarrollo y la capacitación para vencer las dificultades que se presentan. El amor hace que nos sintamos seguros, fuertes, que estemos dispuestos a dar lo mejor de nosotros mismos; por lo tanto, que seamos capaces de resolver conflictos.

¿Hay amores que matan?

Los amores no matan; los amores dan siempre vida, conciencia, lucidez, bondad, alegría.

Se dice que matan porque confundimos el amor con la violencia, la manipulación, la agresión, el sufrimiento o la obsesión.

Los verdades amores vuelven dinámico nuestro espíritu, movilizan nuestra voluntad de manera creativa.

Hay que buscar el amor si queremos estar vivos.

¿Se denigra el amor con el sexo?

Por supuesto que no. Quien se denigra al vivir el sexo sin amor eres tú, pues no respondes a tu verdadera naturaleza y estado de conciencia, dejándote llevar por tus aspectos instivos, que sólo forman una pequeña parte de ti. Eres tú quien te denigras si persigues el sexo como si fuese amor.

Pero el amor, cuando es real y se manifiesta no sólo en los pensamientos positivos y en las emociones generosas hacia el ser amado sino también en las carencias, en la aceptación plena del otro, en el encuentro de los cuerpos, no se denigra en absoluto. Pues es entonces un símbolo de aceptación, de respeto, de cariño, de apoyo, de calidez, de afecto, en fin, de amor.

Para el amor ¿existen condicionamientos sociales, raciales o económicos?

Para el amor, no. En la búsqueda de poder y valores superficiales, somos arrastrados a confusiones y equivocaciones que provocan tristeza, dolor y soledad; estos condicionamientos sí son importantes.

Para el amor, lo único que importa es el ser de lo que amamos y no sus apariencias.

¿Es posible amar en medio del caos?

Si hablamos de un caos externo, como pueden ser desórdenes sociales o catástrofes, la respuesta es sí.

A diferencia del caos exterior, el amor no se puede dar en el caos interior, manifestado en confusiones e indecisiones.

El amor es el resultado de la decisión del orden interior, de la ley interior que ordena amar.

🍃 ¿El verdadero amor justifica los defectos del ser amado?

El verdadero amor ve al amado de manera objetiva, de tal forma que reconoce tanto virtudes como defectos. No necesita mentirse a sí mismo para aceptarlo, sino que lo acepta incondicionalmente, con virtudes y errores.

Además, el que ama busca siempre el desarrollo del ser amado y, para procurarlo, le dice la verdad acerca de sus virtudes y de sus defectos.

El amor verdadero no justifica los defectos del ser amado ni para sofocar el temor de no haber obtenido lo mejor, ni para callar el rechazo del otro (al decirle la verdad).

El amor fuerte vive en la conciencia plena de la verdad.

🍃 ¿El amor hace hervir la sangre?

Cuando el amor se manifiesta en el cuerpo de manera espontánea puede, en algunos momentos, provocarnos esta sensación. Pero es mucho más que eso; en otras facetas atempera y genera paz, fuerza y tranquilidad.

🍃 ¿Amar es sufrir?

Por supuesto que no. Amar es gozar, alegrarse, reír, inventar, descubrir, disfrutar plenamente, aun de aquellas circunstancias de la vida que parecen dolorosas, pues el amor sabe que por medio de estas oportunidades, crece y se desarrolla el ser que somos.

¿Merecemos ser amados?

Todos merecemos ser amados como parte de la naturaleza y como parte del grupo en que, aunque en forma inconsciente en muchos de los niveles que lo conforman, participamos de una misma experiencia y un mismo trabajo.

Simplemente por formar parte de la naturaleza, por nuestra presencia en ella y por los esfuerzos que hemos realizado hasta ahora para llegar a ser lo que somos, por lo que está en el fondo de nosotros y por lo que vamos a hacer, merecemos ser amados.

¿El amor es ciego?

Nada más lejos de la realidad que esta frase tan trillada. El amor ve con claridad, con discernimiento, ve en la paz y en la sabiduría. El amor es aquello que se determina a partir del discernimiento y de la voluntad.

Ciega la pasión, la ignorancia, pero el amor es sabio y todo lo vence. Todos podemos y debemos elegir a quienes amamos, pues es una de las grandes oportunidades del ser humano. Siempre elegimos con quién relacionarnos, consciente e inconscientemente, pero no nos hacemos responsables de ello, ni tomamos voluntariamente las decisiones necesarias para mejorar nuestras relaciones.

Me gustaría recordar a Pitágoras, cuando nos enseñaba que no hay mejor patrimonio que la elección de los seres a los que se ama, que deben ser para nosotros algo bueno, valioso y que nos acompañe para avanzar hacia nuestra propia perfección.

¿El amor verdadero es siempre fiel?

El amor verdadero es siempre fiel porque es resultado de una voluntad propia, no de la exigencia ajena. Y surge de la voluntad de desarrollo armónico tanto de uno mismo como del otro, porque el amor real sabe que la unión hace la fuerza.

Recordemos que el amor no es exclusivo; para ser fiel, no necesariamente tenemos que dejar de amar a otros. El amor es una fuerza que nos permite estar integrados con los demás, conocerlos y desear su desarrollo.

Cabe aclarar que sólo en el caso de lo que entendemos como compromiso de pareja, cuando lo rompemos podemos decir que somos infieles, pero lo somos porque no hemos entendido que si decidimos amar mediante ese compromiso, nuestra decisión implica respetarnos y respetar al otro.

Pero el amor es mucho más que el amor a una pareja; es el amor a la vida, a todo y a todos. En este sentido, debemos amar a nuestra pareja y respetar el compromiso que hemos contraído con ella, pues es el vínculo entre el amor y su realización como tal en el mundo.

Lo anterior no significa que no podamos amar a otros seres humanos de manera plena, profunda, si tomamos en cuenta que el amor es algo diferente de lo que nosotros entendíamos antes como amor (el sexo, la pasión, la búsqueda de afirmación desenfrenada).

Insisto, entonces, en que el amor verdadero es siempre fiel porque siempre respeta su propia voluntad y finalidad.

¿El amor paga mal?

El amor verdadero es aquello en lo que un hombre que quiere sentirse seguro con el resultado de su esfuerzo debería invertir; nada hay más noble que el amor, porque si amamos en forma verdadera, sincera y profunda siempre obtenemos amor a cambio. Amor maduro, amor consciente. El amor es siempre lo que mejor paga, nos da aquellas cosas que son más valiosas en el mundo, más valiosas que los objetos materiales como coches, casas o viajes. El amor verdadero produce, da sabiduría, felicidad y alegría.

¿Cuáles son los principales caminos del amor?

El principal camino del amor es la conciencia. La conciencia de uno mismo, de libre albedrío, de proyectarnos en el mundo mediante la unión con los otros, el reconocimiento de que el sentido de la vida es precisamente encontrar la percepción y la armonía, a través de la aceptación de nosotros y de los demás.

¿El amor nace o se hace?

El amor nace y se hace. Yo diría que, en realidad, siempre se hace. Surge de una voluntad de acción y se manifiesta mediante un trabajo constante. El amor se hace; el amor se decide y se trabaja por él día a día.

Decía al principio que el amor podía nacer, pero entendamos esto como el resultado de un amor que se empezó a construir tiempo antes, quizá en un tiempo tan remoto que puede trasladarnos hasta algunas vidas pasadas.

Del odio al amor ¿hay sólo un paso?

Por supuesto que esto no es cierto. Recordemos que la fuerza que se manifiesta en la naturaleza como la posibilidad de integración, de reunión y de armonización, también puede traer consigo desunión, separación y odio.

Pero entre el máximo amor, la máxima integración y la máxima separación existen muchos momentos intermedios de conciencia y de realización. Esto significa que cuando hay verdadero amor, integración y reencuentro el odio queda muy distante. Lo cierto es que la ausencia de amor provoca odio y la ausencia de odio provoca amor.

¿Cómo se inicia el amor?

El amor consciente empieza siempre reconociendo dos cosas por parte de cada uno de nosotros: el deseo de amar y la existencia del otro; es decir, se inicia en la conciencia de la necesidad de esa integración con el otro, en el respeto por él y por uno mismo.

Inicia también en la búsqueda de aquello que hayamos de compartir con quien amamos o con quien queramos vivir el amor.

¿Existen enemigos u obstáculos para el amor?

Sí. Recordemos que uno de los obstáculos más importantes es la ignorancia: pretender que ya lo sabemos todo, que ya conocemos perfectamente lo que los demás nos pueden dar, que ya conocemos lo que nos puede dar la vida.

Otro de los obstáculos fundamentales es el miedo, que nos lleva a estar siempre a la defensiva y a adoptar una postura de rechazo hacia los otros para evitar que nos hagan daño.

Otro es la culpa, que nos empuja a aceptar faltas de respeto, de valoración y, por lo tanto, que nos destruyan y nos hagan daño.

Otro es la inercia, que nos hace adoptar viejas actitudes, falsas creencias y hábitos negativos que aunque sabemos que lo son, no nos atrevemos a transformar o cambiar. Y podríamos decir, por último, que otro obstáculo es la falta de comunicación real que es, asimismo, resultado de nuestro temor.

¿Cómo mantener el amor?

Mantener el amor es algo que todos queremos hacer cuando sentimos que lo estamos viviendo. Para hacerlo hay que mantener aquello que produce el amor, es decir, la conciencia de nuestra voluntad, nuestro deseo y nuestra decisión de amar. Hay que mantener fresca en la mente la comprensión de que el amor tiene como finalidad el desarrollo y la perfección del ser amado, y permanecer en este estado superior de conciencia del que ama. El amor se mantiene con actitudes de apoyo, de compañía, de afecto y de generosidad, aceptando incondicionalmente al ser amado tal como es, dándole la libertad, el respeto, el apoyo y la actitud que necesita para ser feliz, expresando de manera clara, natural y constante ese deseo permanente de mantener el compromiso, el proyecto del amor.

¿Cómo despertar el amor?

Decíamos que el amor verdadero, el amor consciente, provoca amor a cambio; de ahí que la manera de despertar el amor es amando consciente, incondicional, deliberada y voluntariamente, buscando aquello que beneficia a lo que amamos, desde el punto de vista trascendente.

¿En qué parte del cuerpo radica el amor?

Por supuesto que en ninguna. El amor es una fuerza que comienza y se manifiesta en nosotros a partir de nuestro espíritu, de nuestra voluntad, del principio del amor humano.

Después se manifiesta en nuestros pensamientos y sentimientos y puede expresarse en nuestro cuerpo, en nuestras manos cuando acariciamos o en nuestra corriente sanguínea cuando sentimos entusiasmo por reconocer al ser amado. Pero si bien es cierto que podemos expresar el amor a través del cuerpo, el amor no radica en el cuerpo. El amor radica en el espíritu.

¿Es posible amar cuando se está lejos?

Por supuesto. Es posible que amemos a los seres y a las ideas a distancia.

Lo que no es posible es vivir de lejos una experiencia amorosa que podamos gozar, como conformar una pareja o un equipo de convivencia, en aventura de lo cotidiano, porque la finalidad misma de la pareja es compartir el mismo espacio-tiempo para retroalimentar una energía que se multiplica y se potencia en la solución de los conflictos que significan precisamente el reto de lo cotidiano.

Ahí el amor de lejos no puede manifestarse, pues la condición de compartir el espacio-tiempo no se da. Sin embargo, el amor se puede vivir de muchas maneras, tiene muchos niveles de expresión y, por tanto, puede haber amor de lejos: amigos y familiares pueden mantener lazos profundísimos de reconocimiento, de apoyo y de afecto, aunque pase mucho tiempo y haya mucha distancia de por medio.

¿El amor es espontáneo?

No. El amor es consciente. Puede surgir espontáneamente en nosotros una atracción, una simpatía o un reconocimiento del atractivo, pero el amor conciente es el resultado de una decisión objetiva.

¿Tiene precio el amor?

No. El amor es incondicional. Es decir, no hay que pagar precio alguno en el sentido que convencionalmente damos a la palabra precio. También podríamos ampliar el concepto desde otro punto de vista: el amor es tan magnánimo, que jamás podríamos limitarlo expresándolo en costos.

¿El amor mueve montañas?

El amor no es el amor de las montañas, es el amor humano. Por ello nos mueve a todos, aun sin darnos cuenta; nos hace uno en nuestro cuerpo, en nuestras emociones y en nuestra mente. Hace que estemos integrados y que seamos un ser, un individuo. Así, el amor, de manera secreta y silenciosa, propicia el desarrollo de todos y cada uno de nosotros, el movimiento hacia Dios, hacia la perfección. El amor no solamente mueve montañas, mueve a toda la naturaleza.

En el amor y en la guerra ¿todo vale?

Por supuesto que no. En el amor sólo vale aquello que es consecuente con el amor mismo.

¿El amor puede transformar al odio?

La presencia del amor anula y desplaza al odio. Dicho de otra manera, cuando el amor aparece, el odio deja de existir, de la misma forma en que la luz disipa las tinieblas.

¿El amor es una ilusión?

El amor es una de las pocas cosas que en este universo son reales, permanente y trascendente.

¿El amor existe?

Por supuesto que sí. De no existir el amor, nada existiría en este mundo que es, en su dinamismo y en su vida, expresión misma del amor como búsqueda del equilibrio con el cosmos.

¿Existen amores imposibles?

El amor, cuando es verdadero, nunca es imposible. A veces, son imposibles nuestras fantasías, nuestros enamoramientos, nuestras obsesiones, en fin, nuestras confusiones. Ésas que, al no medirse en su dimensión real, no se pueden desarrollar. Pero para el amor no existe nada imposible y, por supuesto, el amor puede dirigirse absolutamente a donde quiera.

☞ ¿Puede del odio surgir el amor?

Jamás. Del odio, de la separación, de la negación del otro y del rechzao jamás surgen la unión, la comprensión ni el encuentro.

☞ ¿Se puede medir el amor?

En cierta medida, podemos reconocerlo por el efecto que produce en los que aman. Si el efecto es muy grande, hay mucho amor; si el efecto es pequeño, hay menos amor.

Podemos hablar de que las consecuencias claras del amor son la comprensión, la confianza, la libertad, el respeto, el perfeccionamiento, la vida, la alegría, la creatividad. Cuando encontremos todo lo anterior, significará que hay mucho amor; en la medida en que no estén, faltará amor.

¿Ama más quien más compañeros ha tenido o quien más parejas ha conocido?

No. Ama más quien es más consciente, quien está más dispuesto a entregarse a otro, a vivir y a permitir vivir a los demás. La capacidad de amar no es una cuestión de acumulación de experiencias, sino más bien de valor y profundidad en ellas, pues esa especie de recolección puede serlo de experiencias absolutamente negativas y muy lejanas al amor. Así es que amaría más alguien que nunca hubiera tenido una pareja, pero que tuviese la conciencia y la decisión de amar y que lo hiciera aunque fuera por primera vez, que alguien que en muchos intentos nunca haya tenido la capacidad de acercarse a otro ser humano.

¿Cómo se debe manifestar el amor?

De manera natural, mediante de una comunicación clara de lo que sentimos, de lo que estamos dispuestos a dar, de nuestra generosidad, es decir, de manera sencilla.

¿Todos necesitamos amar?

Por supuesto que sí, porque es al amar que nos vinculamos con los otros y con el mundo y empezamos a dar una dirección creativa a nuestra vida, a darle sentido, a ser parte viva y creativa del cosmos.

¿Podemos saber si alguien tiene capacidad de amar?

Por supuesto que sí. Podemos inmediatamente darnos cuenta si aquel o aquellas personas que tenemos enfrente son conscientes de sí mismas, de sus decisiones, si respetan, si tienen la capacidad para dar libertad a los otros, si expresan el afecto y el amor porque están buscando retribución o si lo hacen de manera incondicional. Aquí bien valdría la pena recordar aquello de "obras son amores y no buenas razones" y también "por sus frutos los conoceréis".

¿Qué es el amor platónico?

Es el que se manifiesta mediante la atracción de los seres a partir de su espíritu y sus propias ideas, el amor perfecto, el amor consciente que podemos sentir por otro ser humano, por una idea, por el arte. Es aquel que puede sentir un discípulo por su maestro o un compositor por la música. Es el amor que surge de la conciencia, de la voluntad de hacerlo, de la capacidad de amar incondicionalmente.

¿Podemos diferenciar el verdadero amor del que no lo es?

Sí. El amor es fuente de perfección y vida; lo que no es amor por mucho que consideremos que lo es, es fuente de destrucción, inercia, frialdad o muerte.

¿Por qué muere el amor?

El amor no muere, lo que puede morir es la manifestación del amor en una determinada circunstancia, es decir, una emoción puede finalizar, pero el amor no.

¿Por qué confundimos el amor?

Porque tenemos tantas ganas de encontrarlo y nos han enseñado tan poco acerca de él que es natural hacerlo.

Nos han dicho que el amor es inercia, violencia, miedo, egoísmo, dependencia, sexo; por eso confundimos el amor, porque así lo hemos aprendido.

¿Es verdad que el amor no tiene sexo?

Sí, es verdad. El amor es una fuerza de la naturaleza que está más allá de la manifestación dual. El amor es simplemente aquello que integra lo opuesto.

¿Por qué tememos tanto a las exigencias del amor?

Porque nos han hecho creer que somos más débiles y más pequeños de lo que somos, porque creemos que no merecemos las cosas verdaderamente valiosas y no tenemos capacidad para conseguirlas. Por eso tememos aquello que nos ha de conducir al amor, porque pensamos que será muy difícil encontrarlo y que no nos corresponde. Sin embargo, recordemos que todos nos merecemos el amor y que tenemos todas las capacidades necesarias para poder manifestarlo de manera plena, verdaderamente humana.

¿Podemos culpar a los otros por no amarnos?

Si los otros no nos aman es sencillamente porque no han aprendido a amarse a sí mismos, porque todavía no descubren lo maravillosos que son, no se dan cuenta de que no dependen de nosotros ni para apoyarlos ni para destruirlos, ni para existir; viven defendiéndose porque no tienen la paz o la fe necesaria en sí mismos. Así es que no debemos culparlos, nadie puede dar lo que no tiene.

¿Podemos transformar a quienes amamos?

Uno de los intereses más comunes es hacer a las personas que amamos a la manera de nuestras fantasías y deseos, en lugar de respetar lo que son y ayudarlos a manifestar sus propias capacidades. En este sentido, transformar a los que amamos es posible si apoyamos su verdadero deseo y naturaleza, es decir, si propiciamos el objeto del amor en el otro, que es la perfección.

Sin embargo, si lo que queremos es lograr caprichosamente que los demás cambien sus conductas (aun aquellas que pudieran ser perniciosas, por ejemplo, drogarse o emborracharse), estamos equivocados. Recordemos: para recibir amor es necesario amarse y una persona que no se ama a sí misma, que se destruye a sí misma, no sabe recibir el amor. De tal manera que, en principio, tendríamos que enseñarle a amarse a sí mismo y sólo después la persona lograría su propia transformación. Dicho de otra forma, a través del ejercicio continuo de nuestro amor provocaríamos amor a cambio y, por lo tanto, esa transformación que buscamos, pero no podemos esperar de manera caprichosa que el otro cambie. Resumiendo, podemos transformar a quienes amamos si verdaderamente los amamos. Si nada más los queremos o queremos que sean diferentes, entonces no.

¿Existe la pareja ideal?

Sí existe, pero no es prototipo del ser humano perfecto que nos resuelva la vida; eso no existe. Pero si hablamos de la pareja real, del ser que puede acompañarnos en la experiencia de vivir de manera armónica, de manera permanente y natural, entonces sí.

¿Cómo se cultiva el amor?

Amando se cultiva el amor.

¿Cómo saber cuándo alguien sólo quiere manipularnos?

A través de sus obras y con lo que conocemos ahora acerca del amor, inmediatamente nos daremos cuenta cuando alguien quiera mantenernos a su lado y obtener de nosotros algunas actitudes o respuestas, sin que en realidad le interese nuestra propia felicidad o desarrollo.

¿Existen diferentes manifestaciones del amor?

El amor como fuerza de la naturaleza se manifiesta en el plano físico, en el plano de la energía, de las emociones, de las ideas y de la voluntad. Así es que existen diferentes manfestaciones del amor de acuerdo con los distintos niveles de expresión de la naturaleza, y dentro de cada uno de ellos hay diversas manifestaciones de energía amorosa, según se vivan y hacia dónde las dirija cada cual.

Para amar ¿hay que ser cultos e instruidos?

No, para amar hay que ser generosos, conscientes, humildes y valientes.

¿El amor limita?

El amor es lo que más nos potencia, proyecta y engrandece, lo que más nos expande. El amor es lo que nos hace trascender, nos permite desarrollar nuestra conciencia y formar parte, cada vez más decididamente, del ser total al que pertenecemos. El amor es lo que nos da libertad para crecer.

¿Existe el amor a primera vista?

A primera vista puede existir atracción o simpatía, pero no amor, pues el amor resulta de un discernimiento, de un estado de conciencia y de una voluntad que, si es madura, debe ser considerada como un sentimiento real.

¿Es verdad que el amor nos hace mejores?

Sí. El amor nos torna consciente de lo que somos, nos permite ser todo lo buenos, creativos y bellos que somos. El amor es la fuerza de vida que está dentro de nosotros y que nos permite, a la vez, ser vida y alegría.

¿De la pasión surge el amor?

De la pasión surge la pasión, el desenfreno, la falta de discernimiento y la confusión, pero no el amor.

¿Es posible amar a nuestros enemigos?

Por supuesto que sí, pues de nosotros depende amar y de nuestros enemigos recibir o no el amor. Pero sí, nosotros podemos amar a aquellos que las circunstancias limitantes nos presentan como "enemigos".

¿De dónde surge el amor?

De la divinidad, de la naturaleza, del universo mismo.

¿Amamos a los otros por ellos mismos o por el amor?

En realidad amamos a los otros por el amor. Es el amor el que nos permite tener conciencia de los otros y de nosotros mismos; es por la fuerza del amor que nos podemos entregar, que podemos obtener el desarrollo y la vida.

¿El amor da felicidad?

Recordemos que la felicidad es un estado del alma en el que nos reconocemos como lo que somos y en el que podemos desarrollar en paz nuestra existencia. Así, por supuesto que el amor nos da felicidad; el amor a nosotros mismos, a los demás, al universo.

¿Cuál es el verdadero sentido de amar y ser amado?

Integrarnos, romper la separación que surge de la manifestación del espíritu en la materia y de la oposición que nos genera la vida cotidiana. El verdadero amor es la reunión, el reencuentro, la ruptura del conflicto, la concordia, la unión hacia el espíritu. Es ese acompañar, ese giro constante de todos los seres que en el universo tenemos un solo camino, una sola dirección, un solo objetivo.

¿Por qué nos esforzamos tanto en ser aceptados y reconocidos?

Porque al no apreciar nuestras posibilidades y capacidades, tenemos constantemente un gran vacío que llenar para el que busamos toda la aceptación, el reconocimiento posible. Pero es importante que nosotros seamos quienes primero nos aceptemos, nos reconozcamos, nos respetemos, nos amemos. Esto será la fuerza que nos permitirá curar esa herida que sangra tanto y tan constantemente.

¿Podemos amar a los otros aunque ellos no nos amen?

Podemos amar a los otros aunque no nos amen, porque la fuente del amor está en nuestro propio interior.

¿Amar a los otros significa renunciar a uno mismo?

Amar a otros significa aceptarnos en el amor que proyectamos, en lo que somos. En el amor hacia los otros desarrollamos más nuestra posibilidad de acción en el mundo, pero amarlos no significa renunciar a nosotros mismos. El buen amor no es aquel que renuncia al propio desarrollo por el otro, pues sólo el desarrollo propio posibilita que podamos realmente entregarnos y dar.

¿Todos podemos ser amados?

Todos podemos ser amados, todos merecemos y vamos a ser amados.

Acerca de la autora

Conocida humanista y comunicadora, Lidia Pérez desarrolla desde hace años una labor entusiasta orientada a rescatar y renovar los aspectos válidos de la cultura de todos los tiempos. Entre las numerosas actividades que ha realizado destaca la conducción de los exitosos programas radiofónicos *Sin máscaras* y *Lidiando el futuro*. Imparte conferencias, cursos y talleres en instituciones privadas y públicas, tanto en México como en el extranjero, en los que promueve un desarrollo humano integral, proponiendo un enfoque positivo y creativo de la vida frente a los desafíos de nuestro mundo actual.

Esta obra se terminó de imprimir
en octubre de 2008, en los Talleres de

*IREMA, S.A. de C.V.
Oculistas No. 43, Col. Sifón
09400, Iztapalapa, D.F.*